삶으로 드리는
주기도문

삶으로 드리는 주기도문

초판 1쇄 발행 2014년 12월 18일
초판 6쇄 발행 2025년 2월 10일

지은이 채영삼

기획, 마케팅 신창윤
편집 송혜숙
총무 곽현자

발행처 도서출판 이레서원
발행인 문영이
출판신고 2005년 9월 13일 제2015-000099호

경기도 고양시 일산동구 백석로71번길 46, 1층 1호
Tel. 02)402-3238, 406-3273 / Fax. 02)401-3387
E-mail: Jireh@changjisa.com
Facebook: facebook.com/jirehpub

ISBN 978-89-7435-606-4 (03230)

신 저작권법에 의하여 한국 내에서 보호받는 저작물이므로 저작권자의 서면 허락 없이
이 책의 어떠한 부분이라도 전자적인 혹은 기계적인 형태나 방법을 포함하여
그 어떤 형태로든 무단전재와 무단복제 하는 것을 금합니다.

삶으로 드리는
주기도문

채영삼 지음

그러므로 너희는 이렇게 기도하라 하늘에 계신 우리 아버지여 이름이 거룩히 여김을 받으시오며 나라가 임하시오며 뜻이 하늘에서 이루어진 것 같이 땅에서도 이루어지이다 오늘 우리에게 일용할 양식을 주시옵고 우리가 우리에게 죄 지은 자를 사하여 준 것 같이, 우리 죄를 사하여 주시옵고 우리를 시험에 들게 하지 마시옵고 다만 악에서 구하시옵소서 나라와 권세와 영광이 아버지께 영원히 있사옵나이다. 아멘.

이레서원

머리말

『마태복음의 이해 : 긍휼의 목자 예수』를 교회 앞에 내어놓은 후에, 계속해서 주기도문에 대한 작은 가이드북을 쓰자는 마음을 떨쳐내지 못했다. 주기도문에 대해서 신학교에서 가르치고, 주해를 하고, 설교를 하고, 기도회를 인도하며, 청년들의 수련회에서도 가르쳤다. 가르칠수록 더욱더 이 책이 간절했다. 주기도문에 대한 좋은 책들도 많은 것으로 안다. 감사한 일이다. 그럼에도 혹시 이 책이 주기도문을 더욱 실제적으로, 성도들의 삶 속으로 다시 끌어들이는 데 도움이 된다면 더 바랄 것이 없다.

이 작은 책은 주기도문에 대한 학문적인 해설서는 아니다. 다만, 성경신학에 근거하여 삶 속에서, 일상 속에서, 주님의 마음을 본받고 싶은 사람들을 위해 풀어 쓴 기도 안내서이다. 하나님의 뜻과는 전혀 다른 길로 역행逆行하는 자신의 현실과 교회의 현실, 세상의 현실이 너무나 안타깝고 속상해서, 어떻게 기도하며 어떻게 살아야 할지 고민하는 성도들을 위한 작은 안내서이다.

한국 교회는 그 회복을 어디서부터 시작해야 할지 모르는 혼돈 속에 있다. 복음이 잘못 전해졌다. 복음부터 바로잡아야 한다. 교회론도 갱신되어야 한다는 소리가 높다. 분명, 곳곳에서 회복을 향한 희망의 싹이 돋고 있다고 믿고 싶다.

이런 어려운 상황 가운데서도 복음의 회복을 위해 힘쓰는 분들에게 감사하다. 예수 그리스도의 복음, 하나님 나라의 복음이 회복되어야 한다. 이론에서가 아니라 설교에서, 교회의 삶 속에서, 실제 성도들의 기도와 삶의 태도, 가치 판단과 생활 속에서 예수 그리스도의 마음, 하나님 나라의 복음이 살아 숨쉬도록 회복되어야 한다.

주기도문은 전략이다. 주님께서 이루려고 오셨던 그 하나님의 나라와 뜻, 회복하려 오셨던 하나님의 그 거룩한 이름을 위한 실제적인 전략이다. 그리고 동시에 주님 자신의 간절한 기도였다. 무릇 예수님을 믿고, 그분을 받고, 그분을 누리며, 그분을 닮아 가고, 그분을 따라가는 모든 성도는 주기도문을 따라 기도하는 삶을 살아야 한다.

『삶으로 드리는 주기도문』은 일상 속의 그리스도인이 하나님 나라를 꿈꾸고 이루어 가는 일에 작은 도움이 되도록 구성되었다. 한 세기에 한두 명 나올까 말까 한 위대한 성인이 되길 꿈꾸는 것이 아니다. 평범한 성도들이 치열한 세속의 한복판에서, 사소하게 보이는 일상, 반복되는 매일의 삶 속에서 어떻게 주님이 품으셨던 마음과 뜻을 좇아갈지를 꿈꾸는 것이다. 하나님 나라는 크게 보여 주는 운동이기보다는 마음가짐과 태도, 말과 성품 그리고 삶의 방식들과 문화로 배어드는 일상이어야 하기 때문이다. 이런 의미에서 각 장 뒤에 포함된 〈더 깊은 묵상과 나눔을 위하여〉는 본문의 이해를 도울 뿐 아니라, 이 귀한 신앙의 걸음을 혼자가 아니라 '함께' 이루어 가도록 돕기 위해 첨가되었다. 교회에서 주기도문의 내용을 꼼꼼히 가르치고, 실제로 매일의 삶 속에서 그렇게 기도하며 살아갈 수 있도록 돕기 위해서이다. 주어진 질문들을 따라 함께 진솔하게 나누며, 짐을 나누어 지고, 함께 하나님 나라를 이루어 가는 형제자매들에게 주께서 큰 위로와 능력, 긍휼과 은혜로 함께하시기를 간절히 기도한다.

　이 책에 대한 제안을 흔쾌히 받아 주시고 책이 나오기까지 수고하신 이레서원의 귀한 동역자들, 나기영, 최창숙, 박남균 그리고 이혜성님께 감사드린다. 특별히, 전주 안디옥교회 대학부 박용우 목사님과 형제자매들에게 고마운 마음이 든다. 이들과 함께 나누며 전한 메시지들이 초고를 다시 쓰는 데 큰 도움이 되었다. 우리 모두가 하나님의 거룩하신 이름, 그의 나라와 뜻을 위해 이 길을 먼저 가신 주님만을 따라가기를 소망하며, 이 책을 우리의 목자이신 그분의 발아래 내려놓는다.

2014년 여름
채영삼

차례

머리말 … 4

들어가는 글 … 10

1. 그러므로 너희는 이렇게 기도하라 … 16

2. 하늘에 계신 우리 아버지여 … 26

3. 이름이 거룩히 여김을 받으시오며 … 40

4. 나라가 임하시오며 … 62

5. 뜻이 하늘에서 이루어진 것 같이 땅에서도 이루어지이다 … 100

6. 오늘 우리에게 일용할 양식을 주시옵고 … 122

7. 우리가 우리에게 죄 지은 자를 사하여 준 것 같이,
   우리 죄를 사하여 주시옵고 … 142

8. 우리를 시험에 들게 하지 마시옵고 … 156

9. 다만 악에서 구하시옵소서 … 176

10. 나라와 권세와 영광이 아버지께
    영원히 있사옵나이다, 아멘. … 196

들어가는 글

들어가는 말

주기도문은
예수님의 마음이다

:

하나님 아버지의 품을 떠나 하늘 보좌를 버려두고 이 땅에 오신 예수 그리스도의 중심에 있던 기도는 어떤 것이었을까? 아마도 주기도문은, 주께서 날마다 마음에 품고 소원하셨던 간구의 내용이었을 것이다. 예수님은 자신이 먹고 힘이 나는 그 양식이란, 자신을 이 땅에 보내신 하나님 아버지의 뜻을 행하는 것이라고 말씀하셨다. 하나님 아버지의 뜻을 행하여, 그분의 나라가 임하게 하고, 그분의 이름이 거룩히 여김을 받는 것 외에 주님은 다른 뜻을 품고 계시지 않았다. 주기도문은 예수님의 마음 그대로이다. 그분이 품으신 뜻의 표현이고, 그분이 새벽 미명에 일어나 하셨던 기도의 중심이다.

병자들을 고치시고 기적을 일으키시고, 권능의 말씀으로 가르치시자, 사람들이 수없이 몰려와 그분을 세상 왕으로 삼으려 했다. 하지만 주님은 그때마다 홀로 조용히 물러나셔서, 하늘의 하나님 아버지 앞에 엎드려 기도하셨다. 주기도문의 시작처럼, 오직 아버지 하나님의 이름만이 거룩히 여김을 받으시도록 하는 것이 그의 첫 번째 소원이었기 때문이다. 주님은 일용할 양식만으로 사셨고, 자신을 십자가에 못 박은 자들을 용서하셨고, 시험을 이기셨으며, 악을 정복하셨다. 세상은 주님이 십자가에서 패한 것처럼 생각했으나, 주님은 나라와 권세와 영광이 오직 하나님께만 있음을 선포하신 그대로 부활하셨다. 그리고 하늘에 오르셨고, 하나님 보좌 우편에 앉으셨다. 거기서 다스리시며, 다시 오실 것이다. 다시 오셔서 이미 얻으신 그 나라를 완성하실 것이다. 그러므로 주기도문은 주님이 마음에 간절히 품으셨고, 실제로 자신의 삶으로 사셨던 기도이다. 주님은 이 기도를 제자들에게, 그리고 우리들에게도 가르치신 것이다.

예수 믿는 모든 성도가
삶으로 드려야 하는 기도

:

예수님을 믿는다는 것은 무엇인가? 이 세상을 떠나 천당 가는 것인가? 단지 죄 사함 받는 것인가? 혹은 예수 믿고 세상 복을 많이 받는 것인가? 신약성경을 기록한 사도들에게 물으면 무어라 대답할까? 사도 요한이라면, 예수 믿는다는 것은 세상 끝 그 이후에나 누릴 수 있는 '영생'을 지금 여기 예수 안에서 누리는 것이라고 말할 것이다. 사도 베드로는, 예수 그리스도의 부활 생명으로 '거듭나 썩지 않고 더럽지 않고 쇠하지 않는 나라'에 대한 '살아 있는 소망'을 갖게 된 것이라고 말할 것이다. 야고보는 아마도 세상의 유혹이나 시험에 지지 않고 '나뉘지 않은 전심全心으로' 하나님을 사랑하는 일이라고 말할 것이다.

예수님을 믿는다는 것은 무엇인가? 사실은 이 모든 것이 하나의 본질을 가리킨다. 복음서는 그 구원을 '하나님의 나라'라고 표현한다. 예수님을 믿는다는 것은, 왕이신 하나님의 백성이 되어 그분의 통치 아래 살면서 그분의 나라, 새 하늘과 새 땅을 유업으로 받아 다스리게 되는 복음을 의미

한다. 예수 믿는다는 것은, 하나님 나라 복음에서 가장 큰 폭과 넓이에 이르게 된다는 것이다.

오늘날 예수 믿는다는 것은 무엇을 뜻하는가? 어떤 이들은 예수 믿는 것을 자기가 원하는 것을 척척 내줄 수 있는 아주 성능 좋은 자판기를 얻은 것으로 생각한다. 또 어떤 이들은 멋진 놀이동산 입장권을 산 것으로 생각한다. 그들은 그 입장권을 산 후, 놀이동산에 들어갈 때까지 자신들의 볼일을 본다. 그런가 하면 또 다른 이들은 예수 믿는 것을 자기들만의 섬에 갇혀 그 섬의 규율을 따라 학대받는 삶을 사는 것처럼 느낀다. 복음서는 예수 믿고 구원받는다는 것을 하나님 나라에 들어가는 것으로 선포한다. 세상을 창조하신 하나님은, 자신을 떠나 타락한 이 세상을 다시 구속하셔서 새롭게 재창조하시기 위해, 예수 그리스도를 통해 우리를 부르셔서 그 나라의 회복에 참여하게 하시는 것이다. 그러므로 주기도문은 모든 믿는 자가 반드시 착념하여 날마다, 매 순간 그 나라의 임재와 충만, 온전한 성취를 위해 치열하게, 진심으로 또한 삶으로 드려야 하는 기도이다.

주기도문은, 하나님 나라의 기도이다

:

그래서 주기도문은, 하나님의 통치의 임재를 경험한 백성의 기도이다. 하나님 나라가 온전히 이루어지기를 기다리며, 이 땅에서 그 나라 백성으로 살아가기 위해 반드시 붙들어야 할 기도이다. 하나님 나라는 날마다의 전투이다. 여기서 싸워 이기려면, 주기도문이 가르치는 간구와 기도로 마음과 삶의 모습을 만들어 나가야 한다. 매일 매 순간, 세상의 유혹과 시험에 부딪힐 때마다 이 기도로 싸워야 한다. 돌을 떡으로 만드는 것을 복음으로 삼으라는 유혹, 성전 꼭대기에서 뛰어내려 자기를 증명하라는 유혹, 말씀을 버리고라도 세상과 그 안에 있는 것들을 더 사랑하라는 유혹, 세상의 공중 권세 잡은 자 마귀의 이런 갖가지 유혹에 맞서 싸우며, 심령의 중심과 삶의 태도를 견고히 세우기 위해 주기도문은 더없이 필요한 훈련의 도구이다.

그러므로
너희는
이렇게
기도하라

1

그러므로
너희는
이렇게
기도하라

"그러므로 너희는 이렇게 기도하라"^마 6:9 에는 너희는 '저렇게' 기도하지 말라는 뜻이 전제되어 있다. 성경을 읽을 때는 문맥이 중요하고 결정적이다. 바로 그 앞 절들을 보라. 7-8절에서는 '이방인들'의 중언부언하는 기도에 대하여 말씀하신다. 또 그 앞에 5-6절을 보라. '외식하는 자들'이 사람들 들으라고 하는 기도에 대해 말씀하신다.

하나님을 모르는 자들의
비인격적인 기도

:

먼저 다루어야 할 잘못된 기도는, 정성을 다하고 열심히 하지만 자기가 원하는 바와 그 목적을 바꿀 의향은 전혀 없는 일방적인 기도이다. 7-8절에 나오는 이방인들은 하나님을 모르는 자들이다. 로마는 여러 신을 섬겼다. 사람들은 여러 신에게, 심지어는 '잘 알지 못하는 신'에게도 기도했다. 어떤 신이 자신의 소원을 들어줄지 모르기 때문에, 그들의 이름을 모두 부르는 것이다. 중언부언한다는 것은, 자신의 소원을 반복적으로 간구하며 알리는 모양새를 표현한다. 정화수를 떠 놓고 '비나이다, 비나이다' 하는 것과 같다. 대상이 달이든 별이든 나무이든 돌이든 상관없다. 중요한 것은 정성을 다해 반복해서 자기의 소원을 간구하는 것이다.

이것은 자신이 원하는 것을 미리 결정해 놓고 그것을 반드시 쟁취할 수 있다는 '긍정적인 마인드'로, 무언가 바치면 더 큰 것을 얻어낼 수 있으리라는 소원 성취 식의 기도이다.

자기의 뜻과 자기의 목적에 도취된 기도, 자기 확신에 도취된 기도는 성도의 기도가 아니다. 기도는 '하나님 아버지께' 하는 것이다. 하나님은 달이나 별이나 나무나 돌 같은 피조물이 아니시다. 하나님은 창조주이시며 인격적이시다. 인격적이기 때문에 일방적일 수 없다. 어떤 사람이 당신을 만나러 와서, 자기의 소원을 적은 목록을 처음부터 끝까지 반복해 읽기를 1시간 동안이나 하고 돌아갔다고 해 보자. 당신은 어떤 기분이겠는가? 그런데 그 사람이 그렇게 하기를 밥도 안 먹으면서 40일 동안이나 한다고 생각해 보라. 그는 전혀 당신에게 말할 기회를 주지 않는다. 그저 자신이 소원하는 제목들을 다 읽고 나면, 서둘러 자리를 떠난다.

한번은 CNN에서 마더 테레사 수녀를 인터뷰했다. 그녀가 기도를 많이 한다는 사실을 알고 있었던 기자는 이렇게 물었다. "수녀님은 기도할 때 하나님께 무어라고 하시나요?" 수녀가 대답했다. "예, 저는 주로 듣습니다." 기도는 인격 간의 대화이다. 일방적인 것은 기도가 아니다. 일방적인 기도는 하나님께서 당신의 기도 제목을 바꾸어 주실 수 있는 기회를 드리지 않는 것이기 때문이다.

다윗은 종종 "주께서 나의 마음을 살펴 주소서"라는 기도를 드리곤 했다. 하나님께서 말씀의 빛, 성령의 빛으로 자신의 심령 깊은 곳까지 비추셔서, 마음의 근본적인 동기까지 다 드러내 주시도록 간구한 것이다. 때때로 가장 효과적인 기도는, 내가 기도하는 그 기도 제목이 그분이 원하시는 기도 제목으로 바뀌는 경우이다.

하나님을 알지만, 하나님께 하지 않는 기도

:

두 번째 본받지 말아야 하는 기도는 5절에 나온다. 이번에는, 하나님을 알지만 하나님께 하지 않는 기도이다. 외식하는 기도이기 때문이다. 겉으로는 하나님께 기도하는 시늉을 하지만, 실제로는 사람들 들으라고 기도한다. 이들은 혼자 있을 때, 아무도 보지 않을 때는 기도할 필요를 못 느낀다. 기도하지 않는다. 하나님을 진실로 대면하고 싶은 생각이 전혀 없다. 기도는 종교 행위일 뿐이다. 사람들에게 인정받거나 자신이 원하는 탐욕을 채우기 위한 수단일 뿐이다. 겉모양은 하나님께 기도하는 것 같지만, 그 속은 그렇지 않다. 의도도 그렇지 않다.

오늘날 우리는 형식적으로 기도는 하지만, 종종 진심으로 주님과 마음과 마음, 얼굴과 얼굴을 대면할 필요를 느끼지 못하는 위험에 빠진다. 이미 마음이 나뉘었고 다른 것들로 가득 채워져 있기 때문이다. 약 4:1-4

예수님은 종종 서기관과 바리새인들 가운데 형식적인 종교인으로 행사했던 자들을 향하여, 그 속에는 '탐욕과 방탕이 가득한 자들'이라 하셨고, '회칠한 무덤' 같다고 하셨다. 겉으로는 번드르르한 종교적 열심으로 치장했지만, 그 속에 숨은 동기는 탐욕이고 방탕인 종교인들이다. 그들은 사람들의 인정과 칭찬, 그리고 그것을 통해 얻게 되는 이익과 권세가 목적인 자들이다.

    그것은 마치 당신을 사랑한다는 어떤 사람이 당신을 만나러 와서는, 계속해서 옆에 있는 다른 사람과 사업 이야기를 하는 것과 같다. 그러면 당신은 어떻게 반응하겠는가? 기분이 어떻겠는가? 하지만 우리는 너무도 자주 이런 식으로 하나님께 기도하러 나아온다. 예배 때 드리는 대표 기도를 생각해 보라. 신실하고 진실한 기도를 하는 분들이 대다수이겠지만, 그렇지 않은 경우도 많다. 자신이 대표 기도를 한다는 사실을 이용해서, 자신이 평소 어떤 사람에게 하고 싶었던 말을 하는 기회로 삼는 경우, 혹은 자신을 증명하고 과시하기 위해 한 편의 설교를 늘어놓는 경우도 있다. 기도는 하나님 아버지께 드리는 것임을 명심하자. 전능하시고 거룩하시고 살아계신 하나님께 아뢰는 중에, 어떻게 그분이 존재하지도 않는 것처럼 주변 사람들을 쳐다보며 그들에게 말할 수 있는가? 그것은 하나님께 대한 모독이며, 불

삶으로 드리는 주기도문

경한 행동이고, 중한 죄를 짓는 일이다.

그래서 주님은 '골방에 들어가서 기도하라'고 말씀하신다. 거기에는 누가 있는가? 골방은 귀한 손님을 모시는 곳이기도 했다. 거기에 혼자 있으면 하나님과 마주한다. 단둘이 만난다. 기도는 사랑이다. 사귐이다. 그 사귐에서 내가 주님과 교제한다. 거룩한 교환이다. 나는 죄의 짐들과 염려와 온갖 부족한 것을 주께 드린다. 주님은 자신의 지극히 좋고 탁월한 것들을 내게 주신다. 전능하심으로 위로하신다. 긍휼로 치유하시고, 신실하심과 거룩하심으로 깨끗하게 하신다. 그 사귐으로 나는 충만한 기쁨을 누린다.

> 기도는 사랑이다. 사귐이다. 그 사귐에서 내가 주님과 교제한다. 거룩한 교환이다. 나는 죄의 짐들과 염려와 온갖 부족한 것을 주께 드린다. 주님은 자신의 지극히 좋고 탁월한 것들을 내게 주신다.

언젠가 한 학생이 물었다. "기도는 얼마나 오래 해야 하나요?" 이것은 사귐의 기도라면 필요치 않은 질문이다. 사랑하는 사람과 만나 시간을 보내는 것은 그 자체가 즐거움이요 기쁨이기 때문이다. 온종일 함께 있었지만 헤어질 때는 아쉬운 사귐이다. 주님과의 사귐의 기도가 그러하다.

저 장미꽃 위에 이슬 아직 맺혀 있는 그때에
귀에 은은히 소리 들리니 주 음성 분명하다.

밤 깊도록 동산 안에 주와 함께 있으려 하나
괴론 세상에 할 일 많아서 날 가라 명하신다.

주가 나와 동행을 하면서 나를 친구 삼으셨네.
우리 서로 받은 그 기쁨은 알 사람이 없도다.

이제 주님께서는, 그분을 믿고 그분으로 인해 하나님 나라의 통치 안에 들어온 모든 믿는 자에게 기도를 가르치신다. 그러므로 우리는 이렇게 기도해야 한다. 이 기도가 우리의 간구의 내용을 차지해야 하고, 주님께서 다시 오셔서 하나님 나라가 온전히 성취되는 그날을 바라보며 이 땅을 살아갈 때 이 기도로 하여금 우리의 심령을 주장하게 해야 한다. 무엇보다, 주님께서 가르치신 이 기도가 내 기도가 되게 함으로써, 주님의 마음을 본받는 자로 성장해야 한다. 내 삶이 그분의 삶을 따라가는 것이 되게 해야 한다.

> 더 깊은 묵상과 나눔을 위하여

:

"그러므로 너희는 이렇게 기도하라"

1. 나 자신의 기도 생활을 돌아보자. 가장 행복했던 기도의 경험, 아직 응답되지 않은 기도가 있다면 무엇인가? 또한 나에게 기도는 어떤 역할을 하는지 말해 보자.

2. 나는 주로 언제, 어디서, 어떻게 기도하는가? 나의 기도는 주로 어떤 내용들로 채워지는가? 서로 진솔하게 나누어 보자.

3. 본문에, '이방인의 기도'와 '외식하는 자의 기도'에 대해 느낀 점을 말해 보자. 올바른 기도는 하나님이 누구이시며, 무슨 뜻을 갖고 계신지에 근거한 기도이다. 이런 점에서, 나의 기도는 '얼마나' 말씀에 근거하고 있는지 솔직하게 나누어 보자.

4. 사람들 앞에서 기도를 허영으로, 외식적으로 했던 경우가 있다면 나누어 보자. 혹은 기도를 들으면서 그렇게 느낀 경우에 대해서 서로 나누어 보자.

5. 주님께서 가르치신 대로, 올바른 기도에는 어떤 요소들이 있어야 하는지 각자 이야기해 보자.

6. '기도'에 대한 찬양을 하고, 기도에 대한 성경 구절들을 찾아 읽은 후에, 주님 앞에서 함께 묵상하고 '기도를 통해 하나님과 바르게 사귀며, 간구하고, 듣고, 나누는 삶'을 살 수 있도록, 함께 간구하며 기도하자.

하늘에
계신
우리
아버지여

2

하늘에
계신
우리
아버지여

기도는 하나님께 하는 것이다. 그런데 그 하나님이 '아버지'이시다. 우리는 이 땅에 아버지가 있다. '땅의 아버지'이다. 혈육의 아버지이다. 우리는 종종 '아버지'라고 할 때, 우리 육신의 아버지에 대한 이미지에 사로잡힌다. 내가 경험한 아버지에 대한 이미지가, 하늘에 계신 하나님 아버지에 대한 이미지를 뒤덮는 경우이다. 그러므로 말씀과 기도 그리고 신앙의 삶을 따라 배우게 되는 하늘의 하나님 아버지에 대한 지식 안에서 자라가야만 한다. 육신의 아버지는 육신의 아버지일 뿐이다. 예수를 믿음으로 우리는 하늘의 하나님을 아버지로 얻는다. 그리고 그 아버지의 가족들인 믿음의 식구들을 얻는다. '하늘 가족'인 셈이다.

'하늘'에
계신
:

지금 하나님 아버지께서는 하늘에 계신다. 하늘 혹은 원문에서 말하는 '하늘들'heavens은 눈에는 보이지 않는, 3차원을 뛰어넘어 실재하는 영역이다. 구약이나 유대 전통은 하나님이 하늘들에 둘러싸인 가장 거룩한 하늘에 계신다고 말한다. 공간적으로는 거리를 가늠할 수 없는 이 '하늘들'은 그럼에도 불구하고 우리 가까이에 있다. 단지 '믿음의 거리'만큼 떨어져 있는 곳이다. 그러므로 그곳은 바로 우리 옆에 있을 수도 있다. 거기로부터 우리에게 오신, 하나님의 아들 예수 그리스도를 믿는 믿음에는 언제나 열려 있는 곳이다. 누구든 하늘의 대제사장이신 승천하신 예수 그리스도를 믿는 믿음을 따라 들어가, 담대함으로 그 은혜의 보좌 앞으로 나아갈 수 있는 그런 곳이다. 그래서 우리가 "하늘에 계신 우리 아버지여"라고 부를 때, 우리는 예수님을 믿는 믿음으로 담대히 그 하늘 보좌 앞에, 우리 아버지 앞에 선다.

하늘은 거기서부터 우리 아버지 되신 하나님께서 항상 우리를 돌아보시는 컨트롤 타워control tower이다. 땅은 혼돈과 비참 가운데 있지만, 하나님은 거기로부터 여전히 통치하시고 땅을 다스리신다. 간섭하시고, 찾아오신다. 지극히 작은 자 한 사람에게 일어난 일들을 듣고 보고 계신다. 그곳은 죄인 한 사람이 돌아오면, 모든 천사와 함께 기뻐하시는 그런 축제의 기쁨이 충만한 곳이다. 우리가 가난한 자를 도움으로 거기에 재물을 쌓으면, 그곳은 도둑도 없고 녹이 스는 일도 없어서 그 재물이 영원히 보존되는 그런 나라이다. 이 땅에서처럼, 의인이 핍박을 받거나 죄와 죽음의 참혹이 지배하지 않는 곳이다. 하나님을 반역한 천사들이 쫓겨나 결코 그 경계선을 범할 수 없는, '의와 화평'이 거하는 거룩하고 또 거룩한 곳이다.

그러므로 우리의 신앙은 이 '하늘'에 있다. 아브라함도 결국 이 하늘에 있는, 손으로 짓지 아니한 영원한 성읍을 바라보게 되었다. 지금도 이 하늘에서 천군천사들과 믿음의 조상들이, 우리가 이 땅에서 벌이는 경주를 바라보며 응원하고 있다. 그러므로 '하늘에 계신'이라고 기도하기 시작할 때, 우리는 땅이 아니라 하늘을 바라보는 것이다. 아래가 아니라, 주변이 아니라, 눈을 들어 위를 바라보는 것이다. 장차 올 두 번째 창조, 새 하늘과 새 땅, 썩지 않고 더럽지 않고 쇠하지 않는 나라를 소망할 때, 우리 속에 두신 그 살아 있는 소망이 다시 불 일 듯 일어난다 벧전 1:3-4. 샘물이 터지듯 솟아난다.

> "하늘에 계신 우리 아버지여"라고 할 때, 우리는 우리 믿음의 내용인 '살아 있는 소망'을 따라 눈을 드는 것이다. 눈을 들어 하나님과 그분의 보좌를 바라보는 것이다. 그리고 장차 올 그의 나라를 바라보며, 지금도 살아 계신 하늘 아버지 하나님의 빛나는 영광을 향하는 것이다.

실로, 우리가 서 있는 이 땅은 첫 번째 창조를 따라 지음받고 또 타락한 죄와 죽음의 땅이다. '하늘'에 계신 우리 아버지의 나라가 오면, 이 첫 번째 땅과 하늘은 사라지고, 새 하늘과 새 땅으로 회복될 것이다. 거기서 하나님 아버지께서 친히 다스리신다. 그 보좌 우편에, 죽임을 당하신 어린양 그리스도께서 앉으셔서 지금도 다스리신다. 거기로부터 산 자와 죽은 자를 심판하기 위해 다시 이 세상에 오실 것이다.

그러므로 "하늘에 계신 우리 아버지여"라고 할 때, 우리는 우리 믿음의 내용인 '살아 있는 소망'을 따라 눈을 드는 것이다. 눈을 들어 하나님과 그분의 보좌를 바라보는 것이다. 그리고 장차 올 그의 나라를 바라보며, 지금도 살아 계신 하늘 아버지 하나님의 빛나는 영광을 향하는 것이다. 우리가 속해 있고 우리가 가야 할 목적지를 향해 눈을 드는 것이다. 또한 우리를 향해, 이 땅을 향해 지금도 쏟아지고 있는 그 거룩함과 영광의 통치, 의와 화평이 가득한 나라, 영원한 생명이 풍성한 나라를 향해 뜨거운 믿음과 살아 있는 소망의 눈을 드는 것이다.

하나님 '아버지'의 사랑 안에서

:

하늘에 계신 하나님이 우리의 '아버지'가 되신다는 사실은 우리로 하여금 새로운 출발을 하게 함을 기억해야 한다. '아버지'는 기원 origin 과 권위 authority 의 상징이다. 당신의 기원은 무엇인가? 당신의 최종적 권위는 어디서 나오는가? 진화론을 믿는 사람에게 그의 기원은 원숭이일 것이다. 그에게 권위란 '우연'일 것이다. 그것은 비참한 일이다. 성경은 우리가 '하나님의 형상'으로 지음받았다고 알려 준다. 우리의 기원은 하나님 자신이다. 그분이 우리의 아버지이시다. 하늘에 계신 하나님 아버지가 자신의 아버지가 아닌 사람들에게 있어 최종적 권위는 땅에 있다. 전통에 있다. 조상에게 있다. 돈에 있다. 세상 권력자들에게 있다. 하지만 믿는 우리가 순복해야 할 최종적, 최고의 권위자는 하늘의 아버지 하나님 한 분뿐이다.

그래서 아버지라는 이름은 기원과 더불어 소속을 밝혀 준다. 우리가 결국 순복하고 따라야 할 최종적 권위자가 누구인지 알려 준다. 우리는 혈육의 아버지를 통해 이 땅에 태어났다. 하지만 우리가 "하늘에 계신 우리 아버지여"라고 부를 때, 우리는 거듭난 영적 생명을 가진 자로서 우리의 '참아버지'를 부르는 것이다. 나는 어디에 속해 있는 사람인가? 아버지에 대해서 불행한 과거를 가진 사람이 많다. 이 땅의 아버지에게 받은 상처를 평생 짊어지고 다니는 사람도 많다. 아버지는 권위를 상징하기 때문에, 사람은 아버지가 자신을 보는 방식대로 자신을 보게 된다.

> 주기도문의 처음에 허락하신 '하늘에 계신 우리 아버지'라는 말씀은 우리를 얼마나 자유케 하는가. 우리가 하늘에 계신 우리 아버지의 시각으로 자신을 바라볼 때 우리는 자유함을 얻는다.

안타깝게도 아버지에게 "너는 태어나지 말았어야 했다"라는 말을 듣고 자란 청년들을 더러 만나게 된다. 그런데 주기도문의 처음에 허락하신 '하늘에 계신 우리 아버지'라는 말씀은 우리를 얼마나 자유롭게 하는가. 우리가 하늘에 계신 우리 아버지의 시각으로 자신을 바라볼 때 우리는 자유함을 얻는다. 하늘에 계신 우리 아버지는 당신을 모태에서부터 '심히 기묘하게, 놀랍고 황홀하도록 아름답게' 지으셨다 시 139:13-15. 우리 하늘 아버지께서는 바로 당신을 위해 자기 아들을 아끼지 않고 내주셨다. 당신은 얼마나 귀한 존재인가! 하나님 아버지의 눈으로 자신을 보라.

영원히 따뜻한 이름

:

하늘에 계신 우리 아버지는 우리가 구하기 전에 우리에게 필요한 것을 미리 아신다. 사람에게는 자신이 '느끼지 못하는 필요들'unfelt needs 도 있다. 사람들은 정말 필요로 하는 것이 있지만, 그것을 알지 못하고 종종 그 대용품을 찾는다. 사랑을 잃어버리고 음식을 찾는다. 하나님을 잃어버리고 중독에 빠진다. 음식이 아니라 마음을 채워 줄 진실한 사랑이 필요하다. 각종 중독이 아니라 영원하신 하나님이 필요하다. 하늘 아버지는 우리의 모든 필요, 우리가 깨닫지 못하는 필요까지 아신다. 구하기 전에 미리 아신다. 하나님은 아버지로서 우리를 위하신다. 보호하시고 공급하시고 책임지시고 인도하신다. 우리가 할 일은 무엇인가? 아버지가 할 일이 있고, 자녀가 할 일이 따로 있다. 공부해야 하는 자녀가 아버지의 걱정을 대신할 필요는 없다. 아버지의 일은 아버지에게 맡기고 자녀는 자녀에게 주어진 일을 하는 것, 그것이 지혜이다. 주기도문은 하늘 아버지의 사랑에 대한 따뜻한 신뢰로 시작한다.

그래서 '아버지'는 영원히 따뜻한 이름이다. 아버지의 등에 업힌 아이처럼, 아버지의 품에 안긴 아이처럼, '아버지여'라는 호칭은 긴 말이 필요 없는 안식을 뜻한다. 무거운 가슴으로 기도의 자리에 앉아 마음을 쏟으며 '아버지여'라고 불러 보라. 그분의 넓은 등에 기댈 수 있다. 그분의 품에 안길 수 있다. 단 한 번 불러 보는 것만으로도 모든 무거운 짐을 내려놓게 되지 않는가!

혈연, 지연, 학연을 넘어선 하늘의 새 가족

:

그러므로 예수님을 믿는다는 것은, 이 땅의 혈연이나 지연이나 학연에 근거하지 않은 새로운 공동체, 새로운 하나님의 가족에 속한다는 뜻이다. 그것이 교회이다. 이 땅의 교회는 불완전하지만, 장차 새 하늘과 새 땅이 오면 거기에서 하나님을 아버지로 모시는 한 가족, 한 백성으로 살게 될 것이다. 그러므로 그 누구도 근본적으로 바뀌지 않고는 예수님을 믿을 수 없다.

한번은 예수님의 모친과 동생들이 예수님을 찾아왔다. 예수님은 그 기회에, 참된 가족에 대해 말씀하셨다. 먼저 예수님은 "누가 내 모친이며 내 동생들이냐"고 물으셨다. 예수님은 자신의 혈연이라고 더 우대하거나 더 싸고돌거나 더 특별하게 대하지 않으려 하신 것이다. 그리고 말씀하셨다.

> 손을 내밀어 제자들을 가리켜 이르시되 나의 어머니와 나의 동생들을 보라. 누구든지 하늘에 계신 내 아버지의 뜻대로 하는 자가 내 형제요 자매요 어머니이니라 하시더라. _마 12:49-50

그러므로 예수님을 믿는다는 것, 그분의 기도를 따라 한다는 것, 그래서 하나님의 나라와 뜻이 이 땅에 이루어지게 하는 삶을 산다는 것은, 하나님을 믿고 하나님을 알고 하나님의 뜻을 행하는 자들을 참된 가족으로 받아들인다는 의미이다. 그래서 단지 혈연이나 지연, 학연에 의해 자기네끼리의 집단을 형성하고, 그 집단의 유익을 최고의 가치로 판단하고 따르는 삶은, 하나님 나라의 삶에 어울리지 않는다. 여전히 혈연에 따라 교회를 세습하면서, "하늘에 계신 우리 아버지여"라고 기도할 수 없다. 여전히 학연과 지연에 따라 결정적인 판단을 내리고, '우리가 남이가' 식으로 집단 이기주의에 휘둘리면서, "하늘에 계신 우리 아버지여"라고 기도할 수 없다. 그것이 외식하는 기도, 가증한 기도이다.

애국자 없는 나라는 망한다
:

또한 하늘 아버지는 '나만의' 아버지가 아니라, '우리' 아버지이다. 주기도문에서 '우리'는 강조되는 단어이다. 짧은 구절들에서 '우리'가 모두 10회나 나올 만큼 주기도문은 공동체적 기도이다. '나 홀로' 신앙이란 존재하지 않는다. 예수님을 믿었다는 것은, 하나님을 아버지로 하는 가족의 일원이 되었다는 뜻이다. 하나님을 왕으로 섬기는 나라의 시민이 되었다는 뜻이다. 가족의 일원이면서 형제자매의 일을 모른 척할 수는 없다. 자녀이면서 아버지의 일을 모른 척할 수는 없다. 당신은 누가 당신 앞에서 당신의 아버지를 욕하고 모독하는 말을 하면 가만히 있을 수 있는가? 만일 우리나라가 위태하여 일본이나 중국의 손에 넘어갈 위기에 놓인다면, 당신은 그저 손 놓고 가만히 있으려는가?

우리나라가 일제 강점기에 놓였을 때, 가족을 두고 먼 이국땅에서 조선의 독립을 위해 목숨의 위협을 받으며 생을 바쳤던 순국선열들은 우리의 존경을 받아 마땅하다. 마찬가지이다. 이 땅에 임한 하나님 나라에도 애국자들이 필요하다. 하나님을 자판기 취급하며, 원하는 것을 자신이 원하는 때에 내놓지 않으면 발로 차고 뒤흔드는 식의 이기적인 신자들만 가득하다면, 이 땅의 기독교는 퇴락할 수밖에 없다.

한국 교회에 문제가 있다면 그것은 우리 자신의 문제이다. 남의 문제가 아니다. 우리 자신이 한국 교회이기 때문이다. 이 사회에 문제가 많다면 그것에도 책임감을 느껴야 한다. 이 땅의 모든 영역은 다 우리 아버지의 통치 아래에 있기 때문이다. '우리' 아버지는 그래서 '나'를 넘어선 '우리'에 대한 책임감을 불러일으킨다.

> 더 깊은 묵상과 나눔을 위하여

"하늘에 계신 우리 아버지여"

1. 각자 자신의 아버지에 대한 좋은 추억, 힘들었던 추억이 있다면, 진솔하게 서로 나누어 보자.

2. 하나님을 '아버지'라고 부를 때, 그것이 나에게 의미하는 바는 무엇인가? 가장 강렬하게 떠오르는 생각부터 세 가지를 정해 서로 나누어 보자.

3. 내가 내 육신의 아버지를 가장 많이 닮은 점이 있다면 무엇인가? 또한 내가 하늘에 계신 아버지를 가장 많이 닮은 점이 있다면 무엇인가? 이야기해 보자.

4. 사회에서, 혹은 교회 안에서 혈연이나 지연이나 학연 때문에 바람직하지 않은 모습을 본 적이 있다면, 서로 나누어 보자.

5. '하나님은 나의 모든 필요를 아시고 채우신다.'라고 했을 때, 나는 이 말에 얼마나 동의하는가? 간증이 있다면 나누어 보자.

6. 내가 속한 교회만이 아니라, 한국 교회 그리고 세계에 흩어져 있는 모든 그리스도인에 대한 나의 관심에 대해 1부터 10까지 점수를 준다면 몇 점을 주겠는가? 왜 그런 점수를 주었는가?

7. 육신의 아버지가 나에게 평소에 가장 자주 말씀하시던 교훈이 있다면 무엇인가? 하늘의 하나님 아버지가 나에게 가장 원하시는 것이 있다면 무엇이라고 생각하는가? 각각 두세 가지씩 찾아 서로 나누어 보자.

8. 성경에서 하나님께서 아버지 되심을 알려 주는 말씀들을 찾아 함께 읽고 묵상하며, 관련된 찬송을 부르고, 하나님이 '완전한 우리의 아버지' 됨을 깊이 묵상하는 기도를 드리자. 감사하며 간구하고, 또 그분 안에서 안식하는 기도를 드리자.

이름이
거룩히
여김을
받으시오며

3

이름이 거룩히 여김을 받으시오며

하늘의 하나님을 아버지라 부른 후, 우리가 드려야 하는 첫 번째 기도 제목은 하나님의 이름에 대한 것이다. 주님은 이 기도 제목을 첫 번째로 두셨다. 그분의 마음에 항상 첫째 자리를 차지한 소원이었기 때문일 것이다. 이는 그분 자신을 통해 하나님 나라의 통치 안으로 들어온 모든 신자에게도 마찬가지이다. 아버지 하나님의 이름이 이 땅에서 모든 사람에 의해 거룩히 여김을 받으시는 것, 그것이 우리의 마음을 들끓게 만드는 첫 번째 소원이 되어야 한다.

주님은 이 땅에 계시는 동안, 그리고 지금 하늘 보좌 우편에 앉으셔서도, 하나님 아버지의 이름이 거룩히 여김을 받으시는 것을 가장 간절히 원하고 계신다. 바로 이 일을 위해 그분이 이 땅에 오셨고, 바로 이 목적을 이루기 위해 다시 오실 것이다. 그분을 믿음으로 지금도 그 나라를 누리고 있고, 또한 그분이 다시 오실 때 완성하실 그 나라에 함께 살게 될, '살아 있는 소망'을 가진 모든 성도에게도 이 소원은 가슴 한복판에 항상 뜨겁게 타올라야 한다.

더럽혀진 이름, 교회, 그리고 복음

:

이름은 그 사람의 인격과 의지를 대표한다. 그러므로 하나님의 이름은 하나님의 존재와 성품과 그분의 의지를 담아낸다. 누군가의 이름이 더럽혀진다는 것은, 그래서 그 사람 자신에 대한 모독이 된다. 어떤 이의 이름이 더럽혀지면, 그 사람은 자신의 이름으로 무엇을 이룰 수 없다. 이름은 평판이기 때문이다. 마찬가지이다. 하나님의 이름은 하나님을 대표한다. 세상 사람들은 그 이름을 듣고 그분에 대한 지식을 얻는다. 하나님의 이름은 또한 하나님에 대한 평판이다. 평판이 좋아야 그 이름을 부를 것이다. 하나님의 이름은 열방의 구원이다. '누구든지 그 이름을 부르는 자는 구원을 얻

3. 이름이 거룩히 여김을 받으시오며

을 것'이다 욜 2:32 ; 행 2:21. 그런데 만일 우리가 하나님의 이름을 더럽히면, 누가 그분의 이름을 존귀하게 부르며, 누가 그분의 이름을 의지하고 나아오겠는가?

또한 교회는 이 땅에서 그분의 이름을 짊어진 존재이다. 하나님의 이름으로 일컫는 하나님의 백성이다. 그리스도인은 그리스도의 이름을 짊어진다. 그러므로 하나님의 이름이 거룩히 여김을 받게 한다는 것은, 그 거룩한 이름을 짊어진 교회를 거룩하게 함을 뜻한다. 교회가 자신을 더럽히면, 더러워진 교회는 자신이 짊어지고 있는 그 하나님의 이름을 더럽히기 때문이다. 오늘날 교회는 무엇으로 자신을 더럽히는가? 우리의 더럽혀진 심령과 행실은 무엇 때문인가?

교회가 복음을 더럽혔다. 복음을 세속적인 것으로 뒤바꾸었다. 예수님을 믿어 세속적인 복을 얻는 것을 복음이라고 가르쳤다. 복음을 더럽히면 더럽혀진 복음이 교회를 더럽히고, 더러워진 교회는 다시 그들이 짊어진 하나님의 거룩한 이름을 더럽힌다. 하나님의 이름

> 교회는 이 땅에서 그분의 이름을 짊어진 존재이다. 하나님의 이름으로 일컫는 하나님의 백성이다. 그리스도인은 그리스도의 이름을 짊어진다. 그러므로 하나님의 이름이 거룩히 여김을 받게 한다는 것은, 그 거룩한 이름을 짊어진 교회를 거룩하게 함을 뜻한다.

은 열방의 구원이다. 교회는 하나님의 이름을 더럽혀서는 안 된다. 그러므로 하나님 명예의 회복은 교회의 회복으로부터 시작된다. 그리고 교회의 회복은 복음의 회복에서 시작한다. 복음이 회복되어야 한다. 예수 그리스도의 복음, 예수 그리스도를 통해 임했고, 임하고 있고, 온전하게 성취될 하나님 나라의 복음이 회복되어야 한다.

하나님의 이름, 열방의 구원

:

오늘날 '하나님의 거룩하신 이름'만큼 중요한 주제는 없다. 하나님의 이름은 구원론만큼이나 중요하다. '하나님 이름의 신학'이 필요하다. 왜 그러한가? 구원받았다고 확신하는 우리가 세상이 보는 앞, 세상 사람들 앞에서 하나님의 거룩하신 이름을 땅에 떨어뜨리고 있기 때문이다. 세상 사람들로 하여금 그리스도의 거룩한 이름을 욕되게 부르도록 만들고 있기 때문이다. 성도가 구원받았다는 것은, 이 땅을 내동댕이치고 장차 어디 먼 무릉도원 같은 곳으로 떠난다는 뜻이 아니다. 그렇다고 이 땅에서 세상 모든 사람이 살아가는 식대로, 그들과 동일한 가치관을 따라, 동일한 소망을 따라 살아간다는 것은 더더욱 아니다. 교회는 이 땅에서 하나님의 거룩한 이름을 짊어지고 있고, 그 이름을 대표하고 드러내는 존재로 세상 앞에 서 있다.

주님께서 가르치신 기도의 첫 번째 간구 제목으로 '하나님의 이름'이 거룩히 여김을 받으시도록 간구하고 또 그렇게 살아야 함을 가르치신 것은, 그만큼 이것이 하나님 아버지께서 간절히 원하시는 바이기 때문이다. 구원받은 우리가 아직 이 땅에 남아 있는 까닭은, 그분의 거룩하신 이름 때문이다. 그렇다면 우리가 어떻게 이 땅에서 하나님의 이름이 거룩히 여김을 받게 할 수 있는가? 이 기도는, 구약에 뿌리 깊이 박혀 있는 '하나님 이름의 신학'에 근거한 기도이다.

자신의 '거룩한 이름'을 아끼시는 하나님

:

하나님께서 세상을 창조하셨지만, 첫 사람 아담은 하나님의 말씀을 듣고 순복하기를 거절하였고, 하나님을 대표해 세상을 다스려야 할 그는 도리어 그 통치권을 잃게 되었다.

그는 죄와 죽음의 종이 되었고, 세상은 그에게 가시와 엉겅퀴를 내는 저주의 땅이 되었다. 다스릴 자로 지음받은 존재가 일생에 매여 종노릇하는 존재로 추락하게 된 것이다. 그 이후 땅에 흩어진 사람들에게 하나님은 잊힌 존재가 되었다. 사람들은 하나님을 모르고 그분과 그분의 통치를 거역하는 죄 가운데 살게 되었으므로, 하나님의 이름을 부르지도 못했다. 하지만 하나님은 셋과 그의 자손들에게 자신을 알리셨고, 그들은 하나님을 아는 백성이 되었다.

> 셋도 아들을 낳고 그 이름을 에노스라 하였으며, 그 때에 사람들이 비로소 여호와의 이름을 불렀더라. _창 4:26

드디어 하나님의 이름을 부르는 자들이 생겨난 것이다. 하지만 그 후로도 여전히 세상은 점점 더 악해져 갔고 하나님을 모르는 사람들은 바벨탑을 쌓아 하늘에 닿고자 했으며, 하나님의 뜻과 그분의 통치에 반역하는 일을 계속했다.

하나님을 모르는 열방 민족들이 온 땅에 흩어졌을 때, 하나님은 한 사람 아브라함을 불러, 온 열방 민족들과 그분의 나라를 회복하고자 하셨다. 아브라함은 그의 친족들과 더불어 하나님의 이름을 부르게 되었다.

> 거기서 벧엘 동쪽 산으로 옮겨 장막을 치니 서쪽은 벧엘이요 동쪽은 아이라. 그가 그곳에서 여호와께 제단을 쌓고 여호와의 이름을 부르더니 _창 12:8

> 그가 처음으로 제단을 쌓은 곳이라[벧엘]. 그가 거기서 여호와의 이름을 불렀더라. _창 13:4

하나님의 이름을 불렀다는 것은, 천지의 주재이신 하나님을 인정하며 그를 경배하였던 신앙의 표시이다. 특별히 아브라함과 그의 친족들은 나그네와 임시로 이방 땅에 우거하는 자들로서, 그 이방인들 중 그들이 보는 앞에서 하나님의 이름을 부르는 백성이 된 것이다. 하나님은 열방들 가운데 자신이 알려지기를 원하신다. 자신이 참으로 온 피조세계의 창조주이시며, 참된 주인이시며, 참 하나님이심이 알려지기 원하신다. 그분의 이름이 거룩히 여김을 받고 알려지는 것이 열방의 구원이기 때문이다. 그래서 하나님은 '자신의 이름'을 거룩히 보존하실 것을 명하신다.

> 여호와의 이름을 모독하면 그를 반드시 죽일지니 온 회중이 돌로 그를 칠 것이니라. 거류민이든지 본토인이든지 여호와의 이름을 모독하면 그를 죽일지니라. _레 24:16

하나님은 자신의 거룩한 이름을 보존하기 원하신다. 온 세상을 구원하는 것이 그분의 뜻이기 때문이다. 그러므로 그분의 거룩한 이름으로 일컫는 백성들이 그분의 이름을 더럽히면, 그것을 간과하지 않으신다. 그들의 운명은 곧 그들이 거하는 땅의 운명이다. 그들은 돌이켜야만 한다.

> 내 이름으로 일컫는 내 백성이 그들의 악한 길에서 떠나 스스로 낮추고 기도하여 내 얼굴을 찾으면 내가 하늘에서 듣고 그들의 죄를 사하고 그들의 땅을 고칠지라. _대하 7:14

그러므로 구약에서 하나님의 이름을 거룩히 여긴다는 것은, 그분의 이름을 짊어진 그분의 백성들이 이방인들, 열방의 한가운데서 하나님의 뜻을 준행하여 이방인들로 하여금 하나님의 이름을 인정하게 하는 것을 뜻한다. 또한 구약에서는 하나님께서 자신의 거룩한 이름으로 일컫던 대상들이 있었다. 하나님은 자신의 이름을 걸어 둔 그 대상을 통해서 이 세상 모든 잃어버린 열방을 상대하고 계신다. 선교적

3. 이름이 거룩히 여김을 받으시오며

이유가 담겨 있는 것이다. 성전도 이 땅에서 하나님의 이름을 짊어진 중요한 장소였다.

> 주는 계신 곳 하늘에서 들으시고 이방인이 주께 부르짖는 대로 이루사 땅의 만민이 주의 이름을 알고 주의 백성 이스라엘처럼 경외하게 하시오며 또 내가 건축한 이 성전을 주의 이름으로 일컫는 줄을 알게 하옵소서. _왕상 8:43; 대하 6:33

하지만 이스라엘이 성전에서 드리던 제사들은 그들의 삶과 점점 분리되기 시작했다. 수많은 짐승의 피로 성전 바닥을 적셨지만, 그들의 삶은 하나님의 뜻과 그분의 통치의 질서, 곧 '의와 진실과 자비'에서 멀어져 갔다. 그들의 손은 죄악으로 더럽혀졌고, 성전에서 드리던 동물 제사도 더욱 가증한 것이 되어 갔다. 그들은 하나님을 알게 되어, 모든 열방 가운데 뛰어나게 되는 복을 받았고 젖과 꿀이 흐르는 땅에 들어갔어도, 거기서 망하여 쫓겨났다. 요즘처럼 예수 믿고 복 받고 망하는 길을 간 것이다.

하나님을 알고 복을 받았으나, 그 복에 취해, 더욱더 세상처럼 되고자 했기 때문이다. 그들의 기도 제목은 "우리도 세상과 같이 되게 하옵소서"삼상 8:20였다. 결국 세상처럼 세속적이 되어 버린 하나님의 백성은, 그들이 들어간 땅, 열국 백성들이 모여 그들을 지켜보던 그 땅 한가운데서 하나님의 이름을 더럽혔다. 그 거룩한 이름을 땅에 떨어뜨렸고, 세상 사람들로 짓밟게 했다. 이렇듯 하나님의 거룩한 이름이 어디에서 누구에 의해 더럽혀졌는지에 대한 정확한 표현이 성경에 관용구처럼 반복된다.

> 그들이 이른바 그 여러 나라에서 내 거룩한 이름이 그들로 말미암아 더러워졌나니. _겔 36:20
>
> 이스라엘 족속이 들어간 그 여러 나라에서 더럽힌 내 거룩한 이름을 내가 아꼈노라. _겔 36:21

하나님께서 자신의 거룩한 이름이 열방 가운데서, 세상 사람들 가운데서 인정받고 거룩히 여김을 받기를 얼마나 간절히 원하시는지! 그것은 하나님께서 결국 자신의 백성들, 구약의 교회인 이스라엘을 다시 회복하시기로 하신 데서 잘 나타난다. 자기 백성을 심판하시고 또 회복하신다. 하나님의 교회를 다시 일으키시는 것이다. 이제는 유대인들뿐 아니라 온 열방, 온 민족 가운데서 자신의 백성들을 불러내신다. 왜 그런가? 하나님께서 이제 '새 이스라엘'인 교회에게 기회를 주시고 그들을 회복시키는 가장 큰 이유는, 그들을 불쌍히 여기시기 때문이기도 하지만 그들이 새로 짊어지게 된 하나님 자신의 이름, 그 아름다운 이름을 아끼시기 때문이다. 그분의 이름은 곧 열방의 구원이다. 그래서 이렇게 말씀하신다.

> 여러 나라 가운데에서 더럽혀진 이름 곧 너희가 그들 가운데에서 더럽힌 나의 큰 이름을 내가 거룩하게 할지라. 내가 그들의 눈 앞에서 너희로 말미암아 나의 거룩함을 나타내리니 내가 여호와인 줄을 여러 나라 사람이 알리라. 주 여호와의 말씀이니라.
> _겔 36:23

이스라엘 백성이 이 땅에 존재했던 이유는, 그들이 하나님의 거룩하신 이름을 짊어진 백성이었기 때문이다. 그들이 그 이름을 더럽혔을 때, 그들은 존재 이유와 사명을 잃었다. 하나님은 그분의 거룩한 이름을 감당하지 못하는 백성을 그저 두고 보지 않으신다. 그분의 목적은 열방의 구원, 세상의 회복이기 때문이다. 그래서 만일 내가 아니라면, 하나님은 또 다른 사람을 들어서라도 자신의 거룩한 이름을 알리실 것이다. 하나님은 그분의 백성들을 회복하시되, 그 이유와 목적을 분명히 하신다.

> 그러므로 너는 이스라엘 족속에게 이르기를 주 여호와께서 이같이 말씀하시기를 이스라엘 족속아 내가 이렇게 행함은 너희를 위함이 아니요 너희가 들어간 그 여러 나라에서 더럽힌 나의 거룩한 이름을 위함이라. _겔 36:22

그래서 오래전 다윗은, 하나님이 바로 그런 분이심을 알았기 때문에, 하나님께서 그를 미워하시고, 그가 부족하고 실수하더라도, 하나님은 자신의 이름을 아끼시는 분이심을 알았기 때문에 그 이름을 의지하여 기도하였다. 어떻게 기도했는가?

> 여호와는 나의 목자시니… 내 영혼을 소생시키시고, 자기 이름을 위하여 의의 길로 인도하시는도다. _시 23:1,3

마찬가지로, 하나님은 열방 가운데서 자신의 이름으로 일컫는 백성이 된 이스라엘이 실패한 후에도 마침내 이렇게 말씀하신다.

3. 이름이 거룩히 여김을 받으시오며

> 그러므로 주 여호와께서 이같이 말씀하셨느니라. 내가 이제 내 거룩한 이름을 위하여 열심을 내어 야곱의 사로잡힌 자를 돌아오게 하며 이스라엘 온 족속에게 사랑을 베풀지라. _겔 39:25

이 구절은 흥미롭고도 가슴 뭉클하다. 우리는 우리의 구원을 향한 하나님의 열심에 대해서는 잘 알고 있지만, 하나님께서 자기 자신의 거룩한 이름에 대해서 열심을 갖고 계신다는 사실은 종종 잊는다. 하나님께서 자기의 지극히 거룩한 이름을 짊어지고도 이 세상 한가운데서 그 거룩한 이름을 모든 열방이 보는 가운데 짓밟아 버린 그 백성들을 회복하신다는 것이다. 그 근거는 오직 두 가지 이유에서이다. 하나는 하나님의 긍휼을 인함이고, 다른 하나는 하나님께서 자신의 거룩한 이름을 아끼시기 때문이다.

복음서에 오면, 우리는 '긍휼한 목자'가 되시는 예수님의 모습을 만나게 된다. 하나님께서 자기 백성을 회복하러 오셨다. 주님은 자신의 백성을 보시고 불쌍히 여기셨다. "무리를 보시고 불쌍히 여기시니"_마 9:36_. 그러나 그 불쌍히 여김, 그분의 긍휼은 거기서 그치지 않는다. 그들을 치유하시고, 그들을 먹이시고, 그들 앞에서 기적을 보여 주는 데서 그치지 않는다. 나아가서 하나님 아버지의 나라가 임하게 하고, 오직 하늘의 하나님 아버지의 뜻을 이루는 데까지 이른다. 그것이 바로 주기도문이다.

> 하늘에 계신 우리 아버지여 이름이 거룩히 여김을 받으시오며.
> _마 6:9

이것이 하나님께서 우리를 향하여 가지신 소원이다. 우리가 하나님의 백성으로 회복되어, 하나님의 이름이 거룩히 여김을 받으시는 것이다. 이것이 왜 그렇게 중요한가? 이는 하나님의 이름을 아는 것이 곧 구원이기 때문이다. 열방이 '하나님의 이름을 짊어진 백성'인 교회 곧 우리를 통해 하나님의 이름을 알게 되는 그것이, 열방이 구원을 받을 수 있는 유일한 길이기 때문이다. 이것이 "이름이 거룩히 여김을 받으시오며"라는 주기도문 첫 구절 속에 들어 있는 '하나님 이름의 신학'이다. '하나님의 영광'의 신학이다. 구원받은 우리가 '이 땅에, 세상에' 존재하는 이유가 여기에 있다.

3. 이름이 거룩히 여김을 받으시오며

> 너희는 세상의 소금이니…너희는 세상의 빛이라…이같이 너희 빛이 사람 앞에 비치게 하여 그들로 너희 착한 행실을 보고 하늘에 계신 너희 아버지께 영광을 돌리게 하라. _마 5:13-16

> 너희가 이방인 중에서 행실을 선하게 가져 너희를 악행한다고 비방하는 자들로 하여금 너희 선한 일을 보고 오시는 날에 하나님께 영광을 돌리게 하려 함이라. _벧전 2:12

오늘날 교회는 하나님의 이름, 하나님의 영광을 땅에 떨어뜨렸다. 그렇기 때문에 주기도문의 이 첫 구절만큼 중요한 기도 제목은 없다. 왜 세상 사람들 앞에서 하나님의 이름의 영광을 떨어뜨렸는가? 그것은 교회가 자신을 더럽혔기 때문이다. 세속으로 더럽혔다. 어떻게 해서 교회가 자신을 더럽혔는가? 더럽혀진 복음, 세속적인 복음으로 자신을 더럽혔다. 이렇게 교회가 복음을 더럽히면, 그 더럽혀진 복음이 교회 자신을 더럽히고, 더러워진 교회는 다시 세상 앞에서 하나님의 거룩한 이름을 더럽힌다.

> 교회가 복음을 더럽히면, 그 더럽혀진 복음이 교회 자신을 더럽히고, 더러워진 교회는 다시 세상 앞에서 하나님의 거룩한 이름을 더럽힌다.

그러므로 이 기도는 하나님의 백성으로서 마땅한 분

노와 울분 가운데 드려져야 한다. 주님은 이 땅에 계실 때에 많은 눈물과 통곡으로 기도를 드리셨다 히 5:7. 그만큼 하나님의 이름을 사모했기 때문이다. 그만큼 하나님의 영광, 잃어버린 하나님의 나라를 되찾아 드리고 싶었기 때문이다. 주기도문의 이 기도를 드리는 자의 심령은 마땅히 이런 열망, 하나님의 영광을 되찾아 드리고자 하는 뜨거운 열망, 우리 주님 속에 있던 그 열망으로 가득 차야만 한다. 칼빈의 일갈을 들어보라.

칼빈의
낯선 하나님
:

칼빈 John Calvin 은 때때로 우리를 당황하게 한다. 그는 우리가 알고 있는 하나님과 다른 하나님을 알고 있는 것처럼 말한다. 한번 읽어 보라.

> "사실, 우리가 조금이라도 분별력을 갖고 있다면, 우리는 누군가가 우리에게 그렇게 하라고 권하지 않더라도 하나님의 명예를 지키기 위해 열심을 낼 것입니다. 우리는 하나님이 자신의

3. 이름이 거룩히 여김을 받으시오며

명예에 대해 갖고 계신 열정으로 인해 불타올라야 하며, 누군가가 그분의 위엄을 더럽히거나 비방하는 것을 볼 때 크게 분노해야 합니다.
그러나 보십시오! 우리는 우리 자신의 명예를 지키는 일에는 지나치게 몰두하면서도, 우상 숭배에 빠진 세상에서 하나님의 명예가 짓밟히고, 농담과 조롱의 대상이 되고, 심지어 갈가리 찢길지라도, 그 모든 일을 못 본 체합니다. 우리는 하나님의 명예를 지키는 일에 우리가 마땅히 해야 할 만큼의 노력을 기울이지 않습니다. 그러나 만일 우리가 계속해서 그 일에 게으르고 무관심하다면, 그래서 하나님이 그런 식으로 우리에게 무시당하신다면, 그분은 그 일로 인해 우리에게 되갚으실 것입니다."

확실히 이 시대의 신神은 '행복해야 하는 나'이다. 누구든 '나의 기분을 불쾌'하게 하는 것은, 그것이 신학이든 신앙이든 신이든, 모두 틀린 것이다. 그저 내 입에 맛있는 것이 진리이다. 기분 좋은 것이 진리이고, 그래서 엔터테인먼트가 곧 종교이다. 삶을 누리는 것이야 당연한 것이지만, 정작 하나님은 저 멀리 계신다. 칼빈이 성경을 통해 알았던 하나님이 우리에게 낯선 까닭은, 이 시대가 '내 기분'이라는 우상 숭배에 깊이 젖어 있기 때문이다. 이 모든 일에 하나님은 어떤 기분이실까?

하나님이 나를 위해 존재해야 하는 시대에 살고 있다. 복음이 그렇게 왜곡되었다. 그렇게 복음을 왜곡하고 팔아먹은 자들을 하나님께서 심판하시기를! 그리고 그 심판이 이미 시작되었다. 하나님의 영광의 복음을 더럽힌 교회는 스스로를 더럽히고, 더럽혀진 교회는 하나님의 이름을 더럽힌다. 사실은, 모든 것이 하나님의 영광을 위해 존재하건만, 우리는 자신을 그 하나님의 자리에 놓았다. 하나님이 당신을 위해 봉사해야 하는 것이 아니다. 유사 복음에서 나오라. 당신은 하나님의 영광을 위하여 창조되었다. 인간에게 그것보다 더 큰 기쁨과 만족은 없다. —『십자가와 선한 양심: 베드로전서의 이해』 중에서

당신은, 우리는, 과연 어떤 일에 그렇게 분노하는가? 모세나 바울은 하나님의 이름이 열방 앞에서 모욕당하는 것을 견디지 못했다. 자신의 이름이 생명책에서 지워진다 해도, 하나님의 이름이 땅에 떨어져 짓밟히는 것을 결코 볼 수 없다는 마음, 그것이 진실로 구원받은 자의 심령이다. 그래서 참으로 오늘날 하나님의 이름이 땅에 떨어진 것에 대하여,

교회가 그 영광을 잃은 것에 대하여, 하나님의 영광을 가린 것에 대하여 참회하고 또 분노해야 한다. 내 명예가 실추된 것보다 더 안타깝고 원통하게 생각하는 것이 마땅하다.

그렇다면 "이름이 거룩히 여김을 받으시오며"라는 기도와 함께 우리는 어떤 실천을 해야 하는가? 어떻게 하면 오늘날 하나님의 이름이 거룩히 여김을 받으시도록 할 수 있는가? 그분의 이름을 짊어진 교회를 거룩하게 회복해야 한다. 어떻게 회복해야 하는가? 잘못된 복음, 세속화된 복음을 바로잡음으로써 해야 한다. 예수 그리스도의 복음, 하나님 나라의 복음으로 교회를, 우리 자신을, 나 자신을 거룩하게 해야 한다. 그리고 우리 각자가 소속된 이 땅의 여러 영역 속에서 하나님의 뜻이 이루어지도록 분투해야 한다.

> 더 깊은 묵상과 나눔을 위하여

"이름이 거룩히 여김을 받으시오며"

1. 나의 이름은 무슨 뜻인가? 왜 그런 이름을 지어 주셨나? 서로 이야기해 보자.

2. 그리스도인으로서 믿지 않는 사람들에게 인정받았던 일이 있다면, 반대로 그리스도인으로서 믿지 않는 사람들에게 본이 되지 못했던 일이 있다면, 각기 한두 가지씩 찾아 진솔하게 나누어 보자.

3. 한국 교회가 세상 앞에서, 하나님의 이름을 영광되게 한 일이 있다면 무엇이겠는가? 반대로 욕되게 한 일이 있다면 무엇이겠는가? 사랑 안에서 참된 것을 말하는 마음으로 서로 나누어 보자.

4. 해당 본문을 읽고, 각자 깨달은 것에 대해 나누어 보자. 특히 〈칼빈의 낯선 하나님〉에 대한 본문의 내용을 어떻게 생각하는지 서로 이야기해 보자.

3. 이름이 거룩히 여김을 받으시오며

5. 본문을 읽고, 또 평소에 귀로 들어 왔고 이해해 왔던 '복음'은 무엇이라고 생각하는가? 무엇이 '복음'인가? 서로 진지하게 이야기해 보자.

6. 어떻게 하면 한국 교회가, 우리 교회가, 그리고 내가, 각자 선 위치에서 하나님의 이름이 세상 사람들 앞에서 거룩히 여김을 받게 할 수 있는지 제안하며 나누어 보자.

7. 본문에 열거된 '하나님의 이름'에 대한 말씀들을 묵상하고, 하나님의 이름을 높이는 찬양을 함께 부른 후, 하나님 앞에 회개하고 또 마음을 새롭게 하는 묵상과 기도의 시간을 가지라.

나라가
임하시오며

**나라가
임하시오며**

예수를 믿었다는 것은 무슨 뜻인가? 현실을 떠나 그 멀리 어딘가에 있는 '천당'에 '들어가는' 것인가? 하지만 사실 천국, 하나님의 나라는 '임하는' 것이다. 방향성이 다르다. 예수 믿어서 가기는 어디를 가는가? 예수 믿어서 이 고통이 가득하고 불의한, 화평이 없고 끝없이 악이 펼쳐지는 삶의 현장을 '외면하고 피할 수' 있다는 생각은 근본적으로 복음과 어울리지 않는다. 복음은 우리가 예수 그리스도를 믿음으로 이제 하나님의 백성이 되었고, 그분의 임재 안에서 그분의 '썩지 않고 더럽지 않고 허무하지 않은' 부활 생명의 통치를 받게 됨을 뜻한다. 그리고 이제는 그 부활 생명을 누리며, '썩어지고 더럽고 허무한' 세상을 회복하시며 결국 재창조하시는 하나님의 역사에 초대받아 그 역사에 참여하게 되었다는 뜻이다. 얼마나 가슴 벅찬 일인가!

썩지 않고 더럽지 않고 쇠하지 않는 나라

아무리 그렇게 보이지 않을지라도, 결국 하나님께서는 이 세상 나라를 우리 주 하나님과 그분의 아들 그리스도의 나라가 되게 하신다. 그리고 그의 백성들은 결국 유업으로 받은 이 '썩지 않고 더럽지 않고 영원한' 나라를 그리스도와 함께 다스릴 것이다.

> 일곱째 천사가 나팔을 불매 하늘에 큰 음성들이 나서 이르되 세상 나라가 우리 주와 그의 그리스도의 나라가 되어 그가 세세토록 왕 노릇 하시리로다 하니 _계 11:15

하나님께서는 자신이 창조하신 이 세상을 버리지 않으신다. 신앙이란, 외면하고 버리고 싶은 이 현실을 버리지 않으시는 하나님과 함께 그 현실과 세상 한복판, 악의 한복판을 뚫고 지나가는 것이다. 죽음을 뚫고 부활에 이르는 것이며, 악을 뚫고 의와 평강이 거하는 새 하늘, 새 땅에 이르는 것이다. 그러므로 신앙은 아무것도 피하지 않는 것이다. 주께서 땅을 버리지 않고 찾아오셨고, 사람들을 버리지 않고 육신을 입으사 그들과 함께 거하셨으며, 죄와 악과 죽음을 외면치 않으시고 십자가로 승리하신 것처럼, 신앙이란 하나님께서 버리지 않은 모든 것을 나도, 우리도 버리지 않고 회복하는 것이다.

'나도 버리고 싶은 나를 사랑하시는 하나님'이시기 때문이다. 우리도 외면하고 싶은, 그 버려진 자를 찾아가시는 분이시기 때문이다. 구원받는다는 것은 악으로부터 도망치는 것이 아니라, 악을 하나님의 선으로, 하나님의 아들의 십자가의 은혜와 진리로, 하늘의 능력으로 뚫고 지나가 승리하는 것이다. 그래서 구원받은 성도는 현실을 피해서는 안 된다. 우리는 세상에 있지만 세상에 속해 있지 않다. 그것이 우리의 자유이다. 복음은 우리로 하여금 자유를 누리게 한다. 해방한다.

> 주께서 땅을 버리지 않고 찾아오셨고, 사람들을 버리지 않고 육신을 입으사 그들과 함께 거하셨으며, 죄와 악과 죽음을 외면치 않으시고 십자가로 승리하신 것처럼, 신앙이란 하나님께서 버리지 않은 모든 것을 나도, 우리도 버리지 않고 회복하는 것이다.

하나님을 떠난 세상의 특징은 세 가지이다. 죽음 아래 있음으로 '썩어진다.' 죄 아래 있음으로 '더러워짐'을 피할 수 없다. 하나님을 떠났음으로 '허무함'을 벗어나지 못한다. 그러나 하나님은 죄와 죽음을 이기신 하나님 아들의 부활 생명으로 우리를 '거듭나게' 하셨다. 그 영적 생명은 하늘에 속한 것이고, 창세전에 예비된 것이며, 장차 이 땅에 임할 하나님의 영원한 나라의 생명이다.

그래서 성도는 이 땅에 속해 있지 않고 하늘에 속해 있다. 세상에 속해 있지 않다. 창세전부터 계셨던 하나님과 그리스도에게 속해 있다. 세상 끝날, 그 이후에 펼쳐질 새 하늘과 새 땅에 속해 있다. 예수께서 세례를 받으시고 물에서 올라오실 때, 하늘이 열리고 거기서 하나님의 영이 내려오셨을 때, 그 하나님의 영을 그리스도 안에서 우리도 함께 받았다. 우리는 그리스도와 함께 하나님의 사랑받는 자녀들이며, 하나님의 나라를 유업으로 받을 자들이고, 하나님을 기쁘시게 하는 하나님의 종들이다. 예수님을 믿었다는 것은, 예수님 안에서 자신의 죄 된 정욕과 이 세상의 유혹과 악을 정복하였고, 정복하고 있고, 정복할 수 있으며, 온전히 정복하게 될 것임을 뜻한다. 아멘. 주여, 속히 오소서!

주권, 국민, 그리고 그 나라의 영역들

:

하나님의 나라는 무엇인가? '나라'에는 주권, 국민, 그리고 영토가 있어야 한다. 하나님 나라에서 주권이란 하나님의 통치권이며, 최고 통치권자인 하나님과 그리스도에 대한 복음을 포함한다. 하나님 나라는 '하나님'의 나라이다. 하나님 나라에서는 하나님이 하나님으로 믿어지고 인정되고 알려지고 사랑받으시며 순복을 받으셔야 한다. 이것이 아무리 정의와 복지가 잘 실행되는 경제대국이나 선진국이 된다 해도 그것만으로는 하나님 나라가 될 수 없는 이유이다. 사회보장제도가 잘 갖춰진 선진국에 살면 사람들이 자살하지 않는가? 인간은 하나님 없이는 궁극적으로 그 허무함을 극복하지 못한다.

또한 나라에는 반드시 국민이 있어야 한다. 하나님은 자신의 나라를 회복하고 완성하시기 위하여, 먼저 그 나라의 백성들을 창조하신다. 그 나라 백성의 가장 큰 특징은, 그 나라의 통치권자인 하나님의 형상으로 지음받았다는 사실과, 그 하나님의 '말씀'을 듣고 순복하여 그분의 법대로 자신과 세상을 다스릴 줄 안다는 사실이다. 그리고 영토, 즉 통치 영역이 따라온다. 보이는, 또 보이지 않는 통치 영역 모두를 포함한다. 이처럼 하나님의 주권과 국민, 그리고 영토 혹은 영역이 있어야 하나님의 나라가 되는 것이다. 원래 하나님께서 이 세상을 창조하셨을 때, 이 세상은 하나님의 나라였다. 하나님께서 사람들과 함께 거하시고, 그분의 말씀으로 지으신 세상을 그분의 형상대로 지음받은 사람들이 그분의 말씀을 따라 통치하는 하나님의 나라였다.

> 하나님이 자기 형상 곧 하나님의 형상대로 사람을 창조하시되 남자와 여자를 창조하시고 하나님이 그들에게 복을 주시며 하나님이 그들에게 이르시되 생육하고 번성하여 땅에 충만하라, 땅을 정복하라, 바다의 물고기와 하늘의 새와 땅에 움직이는 모든 생물을 다스리라 하시니라. _창 1:27-28

그런데 지금은 어떠한가? 지금 이 땅에서 하나님은 알려지시고 인정받으시며 경배받으시고 순종과 사랑을 받으시는가? 그렇지 않다. 사람들은 하나님을 알 만한 것이 그들 속에 있어도, 하나님이 주신 모든 것을 받고 누리면서도 그 하나님을 영화롭게도 하지 않고 감사하지도 않는다 롬 1:21. 하나님의 통치는 이루어져 있는가? 아직도 이 땅에는 하나님의 은혜와 그 창조의 아름다움, 섭리가 계속되지만, 하나님의 통치는 적극적으로 이루어지고 있지 않다. 한번 돌아보자.

정치 영역은 어떠한가? 공직자가 거짓을 사랑하면, 모든 부패가 그 어둠의 그늘 속에 숨어든다. 정의와 자비는 통치의 보좌를 떠받드는 두 기둥이다. 정의가 없으면 보좌가 무너진다. 억눌리고 대책이 없는 자들에 대한 자비가 없어도 마찬가지이다. 거짓을 방패로 삼아 불의와 잔인한 이기심을 조장하는 정치는 결단코 하나님 나라의 모습일 수 없다. 이 땅에 교회가 있다면, 하나님 나라의 왕이신 하나님의 임재와 그분의 통치를 경험하는 백성들이 있다면, 그들은 정치의 영역에서도 진실과 정의와 자비를 구해야만 한다. 교회가 순복하고 섬기는 최종적인 권위는 이 땅에서도 왕이요 최고 통치자가 되시는 주님뿐이기 때문이다. 그분은 공의와 자비, 진실함으로 통치하신다. '주를 두려워함으로' 성도는 정부의 권위에 순복하는 것이다. 하지만 그것도 세속 권력이 하나님의 뜻에 합당하게 행할 때의 이야기이다. 그렇지 않은 경우라면, 선한 일을 장려하지 않고 도리어 악을 포상하거나 진실을 따르지 않고 거짓을 조장한다면, '주를 위하여' 권면하고 따르지 않을 책임이 있다. 이 땅의 교회는 어떻게 정치에 관여하는가? 정치의 영역에서 어떻게 하나님의 나라가 임하게 하고 있는가? 남과 북이, 동과 서가, 그리고 보수와 진보가 진영 논리를 등에 업고 종종 참혹과 비참을 간과하며, 부패와 탐욕을 방치한다. 교회는 어떤 길을 가야 하는가?

예수님은 보수주의자였다. 그보다 더 보수적으로 전통을 사랑한 자가 없었다. 오죽하면 그를 가리켜 '태초부터 있는 말씀'이라고 증언할 정도였다 요 1:1 ; 요일 1:1. 그런데 역설적으로 그렇게 보수적인 그분은 너무나 혁명적이었다. 진짜 보수가 나타나자, 가짜 보수들이 가짜임이 드러났다. 탐욕과 방탕을 숨긴 가짜 보수들이 그분을 위험한 진보라 불렀다. 예수님은 확실히 진보였다. 그분은 장차 오게 될 미래의 나라, 하나님의 나라를 전하고 살아내셨다. 하지만 그분의 진보는 따뜻한 진보였다. 그가 옳으셨지만, 다 맞게 하시려고 자신이 틀린 분이 되셨다. 그를 따르는 자들뿐 아니라, 자신을 십자가에 매단 자들에게도 기회를 달라고 기도하셨다. 증오憎惡의 힘이 아니라, 원수 사랑의 힘이 그를 움직인, 진짜 진보였다.

4. 나라가 임하시오며

　　보수는 그분에게서 진보를 보았고, 진보는 그분에게서 보수를 보았다. 그들은 모두 그분에게서 아버지 하나님을 보았다. 그분은 그 누구도 '라벨'로 대하지 않으셨고, 다만 하나님의 잃어버린 아들로, 딸로 대하셨다. 하나님의 나라는 가장 보수적인 나라이다. 하나님과 그분의 질서와 은혜와 진리가 견고히 서 있는 나라이다. 하나님의 나라는 가장 급진적인 나라이다. 미래에 속해 있지만, 지금 여기에 침투한 성령의 나라이다. 또한 남자와 여자가, 주인과 종이, 내 편과 네 편이 없는 나라, 정의와 공평, 평화와 사랑의 나라이다. 가장 보수적이 되자. 가장 급진적이 되자. 예수님을 닮자. 그분을 따라가자. 그분의 나라를 바라보고, 그분의 나라에 살자.

　　경제 영역은 어떠한가? 탐욕이 소비의 근본이 되는 사회에서 양극화는 점점 심해져 간다. 전체적으로 잘살게 되었다지만, 가난한 사람들은 상상하기 어려울 만큼 힘들게 살아가고 있다. 단돈 천 원이 없어서, 점심으로 김밥도 사 먹지 못하는 학생들도 있다. 부모가 넉넉지 않은 경우, 학생들은 학자금과 생활비를

> 보수는 그분에게서 진보를 보았고, 진보는 그분에게서 보수를 보았다. 그들은 모두 그분에게서 아버지 하나님을 보았다. 그분은 그 누구도 '라벨'로 대하지 않으셨고, 다만 하나님의 잃어버린 아들로, 딸로 대하셨다.

벌기 위해 공부보다 아르바이트에 더 시간을 많이 보내야 한다. 대학을 졸업하고 사회에 나갈 때 이미 상당한 빚을 지고 시작한다. 그것을 만회하기가 쉽지 않다. 결혼을 쉽게 하지 못하는 이유, 자녀를 많이 낳지 못하는 이유에는 경제적인 원인이 크다. 그러므로 공공의 선을 따라 탐욕을 절제하도록 도와주지 않는다면, 사회는 눈에 보이지는 않으나 밀림의 정글처럼 변하게 된다. 이윤이 따른다면 생명의 존엄함 따위는 고려하지 않게 될 것이다.

> 많이 거둔 자도 있고 적게 거둔 자도 있지만, 하나님은 아무도 부족하지 않은 세상을 원하신다. 함께 나눌 마음만 있다면, 혼자 가옥에 가옥을 연하여 모든 것을 독차지하려는 탐욕과 이기심을 극복한다면, 하나님께서 주시는 것은 대체로 모두가 함께 쓰고도 남을 만큼 넉넉하기 때문이다.

하지만 하나님은 세상에 복을 주시면서 세상을 그렇게 운영하지 않으신다. 많이 거둔 자도 있고 적게 거둔 자도 있지만, 아무도 부족하지 않은 세상을 원하신다. 함께 나눌 마음만 있다면, 혼자 가옥에 가옥을 연하여 모든 것을 독차지하려는 탐욕과 이기심을 극복한다면, 하나님께서 주시는 것은 대체로 모두가 함께 쓰고도 남을 만큼 넉넉하기 때문이다.

예수님은 제자들에게 '가난한 자들을 잊지 말라'고 당부하셨다. 초대교회도 이 가르침을 기억하고, 가난하고 굶주린 순회 전도자들을 대접했다. 지극히 작은 자들을 돌아보았다. 하나님의 정의는 가장 큰 긍휼이다. 정의는 가난한 자들에게 정당한 대접과 하나님의 형상으로서 품위 있는 삶의 길을 열어 주기 때문이다. 그러므로 경제 영역에서 꾸준히 긍휼과 정의를 추구해야 한다.

교육 영역은 어떠한가? 얼마 전에 한 중학생이 학교에서 왕따를 당하고 폭력을 당한 끝에 아파트 옥상에서 떨어져 생을 마감한 사건이 있었다. 그 아이가 남긴 마지막 편지에서 그는 부모님께 미안하다는 말과 함께 '목말라요'라는 말로 끝맺었다. '목마르다'는 것, 그 아이는 무엇에 그토록 목이 말랐을까? 대한민국의 아이들은 양계장의 닭처럼 사육을 당한다. 학교에서 학원으로 왕래하며, 끝없는 시험과 성적의 중압감에서 벗어나지 못한다. 아이들은 무력하다. 부모가, 사회가 정해 주는 대로 따라갈 뿐이다. 그런데 그런 아이들이 '목이 마르다.' 꽃처럼 활짝 피어날 생명의 풍요함에 목이 마른 것이다. 살고 싶어 목이 마른 것이다. 자기 자신이 되고 싶은 것, 그것을 인정받고, 있는 그대로 사랑받고, 잘하도록 갖고 태어난 것을 더 잘할 수 있게 도와주는 그런 따뜻한 어른들의 품과 사랑에 목이 마른 것이다. 이런 아이들을 말라 죽게 하며, 매일매일 땅에 묻는 것이 우리의 교육이다.

민들레로 태어난 아이는 장미가 될 수 없다. 될 필요도 없다. 되어서도 안 된다. 정원에는 많은 꽃이 있고, 서로 제각각이다. 다 다르면서 아름답다. 제 모양대로 빛난다. 비가 내리면, 안개꽃이 그 비를 맞고 장미로 변하지 않는다. 안개꽃은 안개꽃으로 피어야 한다. 장미가 될 필요가 없다. 하지만, 우리의 교육은 성적 하나로 줄을 세워 벽돌처럼 아이들을 찍어 낸다. 언제까지 이렇게 해야 할까? 아이들이 행복하지 않다. 행복하지 않은 아이들은 잔인해진다. 학교 폭력은 잔인한 아이들이 아니라, 잔인한 사회와 잔인한 어른들이 만든 것이다.

하나님의 나라는 그렇지 않다. 교육은 '한 사람'에 대한 것이다. '한 아이'를 주목하고 그 아이 속에 있는 하나님의 형상을 회복하여 빛나게 하는 것이다. 그리고 하나님께서 그 아이에게 독특하게 주신 그만의 색깔, 그만의 향기, 그만의 능력, 그만의 아름다움을 끌어내도록 돕는 것이다. 그래서 그가 빛남으로 주변이 기뻐하고, 그를 만드신 하나님을 기쁘시게 하는 것이다. 그가 그로서 빛나는 것이, 곧 세상의

4. 나라가 임하시오며

아름다움이요 하나님의 영광의 풍요함을 드러내는 것이다.

가정은 또 어떠한가? 오늘날 가정의 영역에 하나님의 통치가 임해 있는가? 날이 갈수록 파괴되는 것들 중에 가정만큼 심각한 곳이 없다. 부모가 서로 갈라서게 되면, 아이들에게 있어서 그것은 세계가 두 쪽으로 갈라져 나가는 충격을 의미한다. 부모는 각기 자기의 길을 가겠지만, 자녀는 그 짐을 평생 지고 가야 한다. 많은 눈물을 홀로 흘려야 한다.

> 교육은 '한 사람'에 대한 것이다. '한 아이'를 주목하고 그 아이 속에 있는 하나님의 형상을 회복하여 빛나게 하는 것이다. 그리고 하나님께서 그 아이에게 독특하게 주신 그만의 색깔, 그만의 향기, 그만의 능력, 그만의 아름다움을 끌어내도록 돕는 것이다.

가정마다 상처가 있고 치유가 필요하다. 아이들마다 깊은 상처가 있고 지속적인 치유와 회복이 필요하다.

자아실현이 더 강조되면서, 젊은 부모들은 자신의 삶을 추구하는 것을 자녀를 책임지는 것보다 더 가치 있는 일로 여기기도 한다. 자녀에 대한 맹목적인 헌신은 옛말이다. 하나님 나라에서 가정은 중요한 자리를 차지한다. 언약으로 맺어진 공동체이다. 언약은 인내를 요구한다. 인내는 성숙을 가져온다. 가정은 언약에 따라, 인내하며 그곳에 이르기 전에는 알 수 없는 성숙한 사랑을 배우게 하는 곳이다.

하나님의 은혜로, 서로를 책임지는 신실함으로 가정을 통해 하나님의 뜻이 이루어지기까지, 함께 열매를 맺기까지 인내하여야 한다.

문화 예술 영역은 어떠한가? 한 사회의 관습이나 아름다움에 대한 추구는 지속적이고 강렬한 영향을 미친다. 사회가 가정을 건강하게 지킬 수 있도록 돕는 문화를 장려하는지, 가정을 파괴하고 무너뜨리는 문화를 조장하는지는 그래서 중요하다.

대한민국의 직장인들에게는 저녁이 없다. 가족과 도란도란 둘러앉아 자녀들에게 밥상머리 교육도 할 수 있고, 부모 자식 간의 대화가 자연스럽게 이어질 수 있는 문화는 먼 이야기처럼 들린다. 도시에서 식당 이외에 온 가족이 함께 어울릴 수 있는 문화 공간을 찾기는 쉽지 않다. 아버지는 술집으로, 어머니는 사우나로, 아이들은 PC방으로 각각 흩어진다. 마을에 가정을 위한 종합 문화 공간이 없다. 선진국처럼, 마을 도서관이 그 마을의 남녀노소 구별 없이 온 가족 문화생활의 마당이 된다면 얼마나 좋을까. 마을 도서관은 시의회 건물보다 좋아야 한다. 구區나 시市의 의원실은 으리으리한데 그 마을의 도서관마다 학생들이 좌석표를 받아들

4. 나라가 임하시오며

고 책상 한 칸 차지하기 위해 줄을 서서 기다리는 일은 권위주의 문화의 한 병폐이다.

'아름다움'이 주는 매력은 가장 강력한 것들 중 하나이다. 예술은 아름다움에 대한 것이다. 타락한 세상의 특징은 분열되고 파편화되는 현상이다. 깨어진 유리그릇처럼, 하나의 아름답고 조화로운 전체가 파편처럼 쪼개져 흩어져 있는 것이다. 창조세계 곳곳은 아직도 그 아름다움들이 남아 있다. 삶의 구석구석에서, 피조물들에게서 우리는 그런 아름다움을 찾게 된다. 하지만 타락한 세상 속에서 발견하는 아름다움은 파편적이다. 부분적이다. 제한적이다.

> 원래 아름다움은 진실함과 선함과 함께 하나로 연결된 조화로운 전체의 한 부분이요 차원이다. 진 眞, 선 善, 미 美는 원래 서로에게 속해 있었다. 하나님께서 바로 그런 분이시기 때문이다. 하나님은 진실하시고 선하시고 아름다우시다. 그래서 진실함과 선함을 함께 갖지 않는 아름다움은 속이는 것이 된다.

원래 아름다움은 진실함과 선함과 함께 하나로 연결된 조화로운 전체의 한 부분이요 차원이다. 진 眞, 선 善, 미 美는 원래 서로에게 속해 있었다. 하나님께서 바로 그런 분이시기 때문이다. 하나님은 진실하시고 선하시고 아름다우시다. 그래서 진실함과 선함을 함께 갖지 않는 아름다움은 속이는 것이 된다. 평생 자식을 위해 헌신한 어머니의 주름진 손이 아름답게 느껴지는 것은 그런 이유 때문이다. 참된 아름다움은 어디에 있는가? 십자가에서 죄인들을 위해 피 흘려 돌아가신 그분의 찢긴 육체와 피 흘리는 얼굴이 아름다운 것은 단순히 외모 때문이 아님이 분명하다. 예술의 영역에서 하나님 나라가 드러난다는 것은 어떤 것일까?

과학 기술 영역은 더 혼미스럽다. 한 학생이 물었다. "오랫동안 결혼할 남성을 찾다가 찾지 못한 한 여인이, 너무나 아이를 갖고 싶어 기증된 정자를 사용하여 인공수정을 통해 아이를 갖게 해 달라고 하면, 그리스도인 의사로서 어떻게 해야 합니까?" 인공수정하는 기술 자체는 문제가 없을 것이다. 다만 그것을 어떻게 사용해야 하는가에는 가치판단이 들어간다. 그 여인이 삶을 함께할 남자를 만나지 못한 것은 이해할 수 있지만, 아이를 위해서는 무엇이 최선일까? 자신의 외로움을 채우기 위해 아이를 만든다면, 그 아이는 그 여인 밑에서 건강하게 자랄 수 있을까? 아이에게는 건강한 가정이 필요하다. 그것이 최선일 것이다. 아이는 두 사람의 사랑의 열매이다. 그것이 가장 자연스럽다. 과학 기술의 발전은 하나님 나라의 가치관과 질서에 맞게 사용

4. 나라가 임하시오며

될 때 가장 유익할 것이다.

종교 영역은 더 어렵게 느껴진다. 대한민국은 오래전부터 다종교 사회였다. 여러 종교가 서로 충돌하지 않고 공존해 왔다. 모든 종교에는 절대적으로 왜곡된 어둠과 거짓이 존재하지만, 부분적이고 제한적인 진리나 선, 아름다움의 그림자들도 함께 존재한다. 기독교는 구원의 배타적이고 절대적인 진리를 고수하지만, 그들을 대화와 감화, 그리고 진리와 진리에 합당한 삶을 통한 설득으로 접근해야 할 것이다.

> 문제는 기독교 안에 있다. 배타적이고 절대적인 진리를 주장하면서도, 삶에 있어서는 일반은총의 세계에서 지키고 있는 상식이나 선의 수준에도 미치지 못하는 일들을 한다면 설득력이 없게 된다. 오늘날 교회는 세상 한복판에서 그 세상을 어떻게 다루어야 하는지 모른 채 길을 잃었다.

문제는 기독교 안에 있다. 배타적이고 절대적인 진리를 주장하면서도, 삶에 있어서는 일반은총의 세계에서 지키고 있는 상식이나 선의 수준에도 미치지 못하는 일들을 한다면 설득력이 없게 된다. 오늘날 교회는 세상 한복판에서 그 세상을 어떻게 다루어야 하는지 모른 채 길을 잃었다. 세상보다 더 세속적이 됨으로써, 세상의 버림과 비난을 받고 있는 형국이다. 어떻게 이들을 통해 하나님의 통치가 임할 수 있는가? 하나님의 통치는 교리나 설교로만 임하지 않는다. 세상에 속해 있지 않지만, 세상 안에 흩어져 있는 하나님의 백성들의 구체적인 일상의 삶을 통해 드러나기 때문이다.

롯, 오늘날의 그리스도인

할 일이 너무도 많다. 모든 성도는 주님께서 가르치신 대로 "나라가 임하시오며"라고 기도하고, 기도한 대로 각기 처한 영역들에 부딪히면서 몸부림칠 수밖에 없다. 우리는 삶의 각 영역에서 하나님의 통치가 임하도록, 그분의 질서와 긍휼과 공의가 임하도록 날마다 간구하며, 날마다 애통하며 날마다 몸부림쳐야 한다. '애통하는 자는 복이 있나니'라고 하셨다. 애통할 일에 애통하지 않는다면 병든 그리스도인일 것이다. 아브라함의 조카 롯은 성경에서 '의인'으로 취급받는다.

사실 그는 소돔과 고모라에 살면서 아무런 선한 영향력을 미치지 못했다. 심지어는 자신의 식구들조차, 아내조차 그 망할 탐욕에서 끌어내지 못했다. 겨우 자신과 두 딸만

건짐을 받았다. 의롭게 산 적이 거의 없다. 하지만 그가 날마다 한 것이 있다. 그는 성문 앞에 앉아 애통해했다. 그의 심령 속에는, 시대와 문화를 개혁하고 뒤바꿀 힘은 없었지만, 날마다 마음이 찢어지는 애통함이 있었다. 세상은 여전히 그가 알고 있는 하나님과 그 하나님의 나라와는 다른 낯선 곳이었다. 받아들일 수 없었다. 그렇다고 바꿀 수도 없었다. 그래서 그는 괴로워했다. 윤동주가 "잎새에 이는 바람에도 나는 괴로워했다."고 한 것처럼 그는 무력했지만 고통스러워했고, 그 고통까지 모른 척하지는 못했다.

오늘날 그리스도인들의 모습을 대표하는 인물이 있다면 '롯'일 것이다. 우리도 소돔과 고모라 같은 곳에서 산다. 음란이 유행가처럼 일상적이고, 동성애도 상식이 되어 가는 사회에서 살아간다. 사회의 어두운 그늘 속에서는 상상할 수 없는 폭력이 똬리를 틀고 평범한 희생자들을 기다린다. 그리스도인들은 영향력이 거의 없다. 그저 예수 믿어 세상 복을 얻기를 바라지만, 그렇게 되어도 만족하지 못한다. 더러워지는 것을 결국 견딜 수 없어 하기 때문이다. 그릇된 일임을 알지만, 옳은 대로 하자니 힘이 없다. 시험이고, 유혹이고, 탐욕인 것을 알지만, 거기서 스스로 돌이켜 나올 힘이 없다. 그 끝은 사망이지만 멈출 힘은 없다.

　　롯처럼 애통할 뿐이다. 애통해하지만 무력한 그리스도인, 그것이 오늘날 우리의 초상이 아니던가. 그래서 기도해야 한다. 그래서 이 주기도로 우리는 더욱 강건한 심령으로 성장해 나아가야 한다. 각자의 영역에서 선한 영향력을 끼치기까지 변화되어야 한다. 거룩한 빛이신 예수 그리스도를 받고, 그분이 그들 안에 내주하시는 자들이기 때문에, 이미 소금이고 빛이다. 짠맛을 내고, 세상 앞에 빛을 비추어야 한다.

창조, 타락, 그리고 재창조

:

세상은 본질상 썩어지고 더럽고 허무함에 굴복한다. 우리가 예수 그리스도의 복음, 하나님 나라의 복음을 회복하지 않으면, 이 세상의 강력한 물결 속에서 우리 자신을 회복할 길이 없다. 먼저 복음을 회복해야 한다. 예수 믿었다는 것은 무엇인가? 하나님 나라의 복음으로 보면, 이제 왕을 만난 것이다. 그분의 백성이 된 것이고, 그분의 통치 아래서, 그분의 나라가 온전히 회복될 것이라는 기대 가운데서 살게 된 것이다. 하나님은 세상을 창조하신 후에, 첫 사람 아담을 지어 그에게 세상을 다스리라 하셨다. 하나님 자신의 형상으로 만들어진 사람은 하나님의 말씀을 받아 이에 순복함으로써, 그분이 지으신 세상을 다스릴 수 있었다.

하지만 타락이 왔다. 그것은 사람으로부터 시작되었다. 하나님께 순복하며 세상을 다스려야 했을 사람이, 하나님의 말씀을 거절함으로써 그분의 통치를 거부했다. 대신 마귀가 하는 거짓말을 들었고, 스스로 거짓말을 지어냈다. 그래서 어떻게 되었는가? 사람은 세상에 대한 통치권을 잃었고, 사람과 함께 세상도 죄와 죽음의 지배 아래 들어갔다.

성경의 창조와 타락에 관한 말씀들은, 이 모든 것을 회복하시려는 하나님의 방식에 있어서 흥미로운 사실들을 보여 준다. 즉, 재창조는 창조의 역순(逆順)으로 진행된다는 점이다. 하나님께서 창조하실 때는, 세상을 먼저 지으시고 사람을 만드셨다. 그리고 그 사람으로 하여금 세상을 다스리게 하셨다. 하지만 타락이 왔다. 죄악으로 인한 타락을 통해 사망이 들어왔고, 세상은 저주 아래서 사람에게 '가시와 엉겅퀴'를 내었다. 사람이 하나님에게서 소외되고 그분과 갈등하며, 세상으로부터 소외되어 세상과도 갈등 관계에 놓이게 되고, 이웃과도 소외되어 갈등을 피하지 못하게 되었다.

이제 하나님께서 이 모든 것을 회복하시기 위해 구속 救贖과 재창조 再創造의 사역을 펼치신다. 그런데 여기에도 순서와 절차가 있다. 하나님께서 그들을 통해 온 세상을 재창조하실 때, 가장 먼저 실행하신 것은 '사람의 회복'이었다. 이 모든 것이 뒤틀리게 된 발단, 원인이 바로 '사람'에게 있었기 때문이다. 그들은 하나님의 형상으로 지음받았어도, 하나님의 말씀을 순복하여 따르지 않았다. 그로 인해 세상이 타락이라는 결과 아래로 들어온 것이다. 그러므로 하나님의 구속과 회복의 역사, 재창조는 문제의 발단이 된 사람의 구원과 회복부터 시작되어야 맞다. 그것이 교회이다. 그래서 교회의 구원은 교회 자체에 맞추어져 있지 않다. 교회는 재창조라는 하나님 나라 회복의 원대한 계획 안에 놓여 있다.

> 하나님의 구속과 회복의 역사. 재창조는 문제의 발단이 된 사람의 구원과 회복부터 시작되어야 맞다. 그것이 교회이다. 그래서 교회의 구원은 교회 자체에 맞추어져 있지 않다. 교회는 재창조라는 하나님 나라 회복의 원대한 계획 안에 놓여 있다.

'이미'와 '아직' 사이의 종말을 살다

:

그러므로 교회는 세상의 회복, 곧 이 세상 나라가 주와 그리스도의 나라가 되는 날을 바라보는 원대한 전망을 가지면서도, 스스로 그 나라를 다스릴 하나님의 참된 백성으로 회복되는 일에 집중해야 한다. 그것이 하나님 나라가 오게 되는 절차이기 때문이다. 무엇보다 교회는 하나님 나라의 원대한 그림 속에서 자신을 보아야 한다. 자기 자신에만 집중하는 교회, 외형적 성장만이 최고의 목표인 교회는 마치 온종일 화장대 앞에만 앉아서 화장하고 꾸미며 자신에게 도취된 아내와 같다. 그 남편과 자녀들은 얼마나 불행할 것인가! 교회도 마찬가지이다. 자신에게 도취된 교회는, 자신이 부르심받아 섬겨야 할 하나님 나라를 잊은 교회이다. 교회는 하나님 나라를 위해 존재한다. 그리고 '아직'$^{\text{not yet}}$ 오지 않은 그 새 하늘과 새 땅에 충만하게 임할 하나님의 통치는 지금 여기에, 예수 그리스도를 통해, 그의 성령을 통해 교회 안에 '이미'^{already} 임해 있다.

> 내가 하나님의 성령을 힘입어 귀신을 쫓아내는 것이면, 하나님의 나라가 이미 너희에게 임하였느니라. _마 12:28

그러므로 무엇보다 하나님의 나라는 하나님의 성령이 통치하시는 영역이다. 그것이 우리의 심령이라면 우선은 우리의 심령이 하나님의 나라이고, 그것이 교회이면 우선 교회가 하나님 나라이다.

> 하나님의 나라는 먹는 것과 마시는 것이 아니요 오직 성령 안에 있는 의와 평강과 희락이라. _롬 14:17

하나님의 나라는 예수 그리스도께서 다시 오실 때, 최후의 심판 이후 새 하늘과 새 땅이 옴으로써 온전히 성취될 것이다. 하지만 이미 종말은 시작되었다. 하나님의 성령은 장차 완성될 새 하늘과 새 땅에서 가장 주도적인 하나님이시다. 성부 하나님께서 창조하시고, 성자 하나님께서 구속하신 것처럼, 성령 하나님께서 재창조의 세계에 충만하실 것이다. 그 성령 하나님께서, 예수 그리스도의 인격과 사역을 통해 이 땅에 임하셨다. 먼저, 예수께서 받으실 필요가 없는 세례를 받으시고 물 위로 올라오셨을 때, 하늘이 열리고 거기로부터 하나님의 성령이 비둘기처럼 그에게 임하셨다.

> 예수께서 세례를 받으시고 곧 물에서 올라오실새 하늘이 열리고 하나님의 성령이 비둘기 같이 내려 자기 위에 임하심을 보시더니 하늘로부터 소리가 있어 말씀하시되 이는 내 사랑하는 아들이요 내 기뻐하는 자라 하시니라. _마 3:16-17

이 놀라운 사건은, 하나님의 영이 패악한 세상의 죄악된 사람들을 떠나시고 창 6장, 그 후에 다시 그의 택하신 이스라엘 가운데 성전에 임하셨다가 그들의 패역으로 다시 그 첫 번째 성전을 떠나신 사건을 배경으로 한다 겔 10:18. 이스라엘이 율법을 버린 후, 그 성전이 멸망하고 그들이 포로로 끌려가 마른 뼈처럼 죽은 것같이 된 지 오랜 후에 겔 37:1-2, 하나님은 다시 자신의 아들을 보내셔서 옛 언약을 성취하신다. 그 아들 안에서 속죄를 완성하시고 그와 그를 믿는 이들 가운데 임하신 것이다. 그러므로 예수 자신이 두 번째 성전, 살아 있는 하나님의 전이다. 그분이 종말인 지금 하나님께서 친히 거하시는 성전의 '살아 있는 머릿돌'이시고, 그분에게 연합한 성도들이 참된 성전으로 지음받아 가고 있다. 그리스도가 계신 곳에 완전한 속죄가 있고 하나님께서 친히 임재하신다. 그러므로 교회는 이 속죄와 평화, 거룩함과 사랑을 마음껏 누려야 한다.

> 사람에게는 버린 바가 되었으나 하나님께는 택하심을 입은 보배로운 산 돌이신 예수께 나아가 너희도 산 돌같이 신령한 집으로 세워지고 예수 그리스도로 말미암아 하나님이 기쁘게 받으실 신령한 제사를 드릴 거룩한 제사장이 될지니라. _벧전 2:4-5

또한 이것이 예수 그리스도를 통해 '이미' 임한 하나님의 나라이며, 예수께서 이후 오순절 날에 그를 믿는 무리들, 곧 그의 교회 위에 성령으로 임하신 사건으로 이어지는 '이미' 임한 하나님의 통치의 모습이다. 그들은 동시에 세상을 향해 이렇게 임한 하늘의 통치를 드러내며 사람들을 하나님께로 이끌 제사장의 사명을 가진다. 세상을 향한 '하나님의 제사장'이라는 칭호보다 오늘날 교회에게 더 절실한 사명은 없다.[벧전 2:9]

그러므로 교회는 이 땅에서 하나님의 종말의 통치를 드러내고, 증언하고, 세상으로 흘려보내는 하나님 나라의 전초기지이다. 하늘의 통치를 흘려보내는 통로이다. 미래에 새 하늘과 새 땅으로 완성될 하나님 나라가 미리 파송한 사람들이다. 이 땅을 '임시 거주 외국인과 여행자'처럼 지나가며, 그 앞선 나라 곧 선진국先進國의 문화와 삶을 소개하고 퍼뜨리는 선진국 사람들인 셈이다벧전 2:11. 그래서 성도가 이 땅에서 하나님의 나라가 이루어지기를 소원하고 기도하며 산다는 것은, '종말'을 사는 그리스도인이 됨을 뜻한다. 영생을 누리며, 영원의 관점에서 오늘을 사는 것이다. 동시에 그는 '긍휼'의 사람이어야 한다. 긍휼의 복음을 받았으므로 하나님의 긍휼을 흘려보내는 사람이어야 한다. 또한 그는 진리의 나라를 받았으므로, 참되고 진실하여 불의와 거짓을 미워하며 공의와 정의를 사랑하는 사람이어야 한다.

지금, 여기서 사는 하나님 나라

:

하나님 나라는 무엇인가? 이 질문에 대답하려면, '종말'이라는 단어를 뺄 수 없다. 세상은 하나님을 떠났다. 원래는 하나님의 것이었다. 아니, 사실 모든 것이 하나님의 소유이다.

그런데 집 나간 탕자처럼 세상은 하나님을 떠난 것이다. 하나님은 그 세상을 회복하기로 하셨고, 언젠가는 완전히 회복하실 것이다. 그날에는 하나님이 친히 세상 가운데 거하시며 사람들 가운데 함께하실 것이다. 거기가 역사의 끝이며, 새로운 시작이다. 역사의 끝 Endzeit 이 다시 역사의 시작 Urziet 을 만나는 지점으로, 종말에 완성될 새 예루살렘의 모습은 그래서 처음 우리가 잃었던 에덴동산의 모습으로 그려진다. 진정으로 창조가 완성되는, 재창조의 순간이다.

> 내가 들으니 보좌에서 큰 음성이 나서 이르되 보라 하나님의 장막이 사람들과 함께 있으매 하나님이 그들과 함께 계시리니 그들은 하나님의 백성이 되고 하나님은 친히 그들과 함께 계셔서 모든 눈물을 그 눈에서 닦아 주시니 다시는 사망이 없고 애통하는 것이나 곡하는 것이나 아픈 것이 다시 있지 아니하리니 처음 것들이 다 지나갔음이러라. _계 21:3-4

그렇다. 그날에는 다시 눈물이 없고, 사망이 없고, 애통하는 것이나 곡하는 것이나 아픈 것이 다시 있지 않을 것이다. 이미 그리스도 안에서 결정적으로 끝난 죄와 사망의 지배가 그날에 온전히 사라질 것이다. 그렇다면 그 나라는 지금 우리가 사는 세상과 전혀 다른 세상인가? 이 세상은 소멸되는 것이 아니라, 갱신regeneration 될 것이다. 여전히 하늘이고 여전히 땅이지만, 죄나 죽음이 지배하지 않는 세상이다. 하나님이 친히 사람들과 함께 거하시는 세상이다. 사람들이 하나님을 알고, 아무도 하나님에 대해 가르칠 필요가 없는 그런 세상이다. 이 세상의 문화나 창조세계의 아름다움은, 썩어짐이나 더러움이나 허무함을 벗고 온전한 회복을 통해 그 절정에 이를 것이다. 거룩하시고 영원하신 부활 생명의 주께서 친히 함께하신다. 그래서 아마도 그 나라에서는 시간이 지나도 늙지 않을 것이다. 오히려 시간이 지날수록 더 생명이 넘칠 것이다 고후 4:16. 온종일 돌아다녀도 더러워지지 않을 것이다. 죄가 없기 때문이다. 물론 허무해서 절망하는 일도 없다. 영원한 의미로 충만한 곳이기 때문이다. 하나님께서 빛으로 충만한 곳이기 때문이다.

> 성 안에서 내가 성전을 보지 못하였으니 이는 주 하나님 곧 전능하신 이와 및 어린 양이 그 성전이심이라. 그 성은 해나 달의 비침이 쓸 데 없으니 이는 하나님의 영광이 비치고 어린 양이 그 등불이 되심이라. _계 21:22-23

그렇다면 새 하늘과 새 땅이 오기 이전에 죽은 성도들은 어떻게 되는가? 그들은 '낙원'에 간다. 주님 품에 안긴다. 거기서 주님께서 다시 오셔서 세상을 심판하고 마귀와 사망을 불 못에 던지실 때까지 그분 안에서 잔다. 믿지 않는 악인들은 '음부'에 내려가서 거기서 최후의 심판을 기다린다. 주께서 다시 오실 때, 모두 부활하여 심판대 앞에 서고, 거기서 악인은 영벌에 떨어지고 의인은 새 하늘과 새 땅에서 영생을 누린다.

그러므로 신자는 예수 그리스도 안에서 이미 '종말'을 사는 자들이다. '이미' 시작된 종말을 살면서 '아직' 온전히 성취될 종말을 기다리며 사는 것이다. 그 '종말의 끝'에 주께서 다시 오실 때, 우리도 그와 같이 거룩하고 영광스러운 모습으로 나타날 것이다 요일 3:2-3. 반드시 그렇게 될 것이기 때문에, 지금 여기에서도 주님의 모습을 닮아 가야 한다.

구원이란 회복이다

:

그래서 구원이란 어디 멀리 다른 곳으로 도망가는 것이 아니다. 구원이란 회복이므로, 예수 믿는다는 것은 하나님의 형상으로 회복됨을 뜻한다. 계속해서 성장한다는 뜻이다. 신자가 되어서 교인이 되는 것뿐 아니라, 교인이 된 후에 끊임없이 하나님이 지으신 '사람'으로 회복되는 길을 가는 것이다. 계속해서 치유받고 온전해지는 길을 걷는 것이다. 그것은 참된 '사귐'으로 된다. 하나님과 그리스도와의 참된 사귐, 지속적인 사귐 속에서 이루어진다 요일 1:1-10. 그 사귐을 그만두는 순간, 예수 믿는다는 것은 그저 종교적인 몸짓으로 전락해 버린다. 믿음은 그래서 참된 사귐이다. 살아 있는 사귐이다. 끊임없이 나 아닌 그분을 만나는 기쁘고 당황스럽고 놀랍고 감사한 사귐의 연속이다.

때로 주님은 그 사귐이 화석처럼 굳어졌을 때, 그 화석을 깨고 오신다. 그것이 무엇이든, 애지중지하던 그릇이 깨진 것처럼, 완전하게 쌓아 올렸던 건물이 무너지는 것처럼, 다 깨뜨리고 오신다. 그리고 그분과의 사귐이 다시 시작된다. 그 바닥에서 당신은 그분을 다시 만난다. 아직 끝이 아니다. 모든 것이 끝난 것이 아니다. 이제 시작이다. 그 사귐 속에서 다시 그분을 만나고, 당신 자신을 만나는 새로운 시작이다. 구원은 회복이므로, 주님은 이렇듯 우리를 그분의 사귐 가운데로 끊임없이 불러오신다. 오직 그 참된 사귐을 통해서만, 우리는 치유받고 성장하고 참 '사람'으로 회복되기 때문이다.

> 내가 이르노니 너희는 성령을 따라 행하라. 그리하면 육체의 욕심을 이루지 아니하리라…육체의 일은 분명하니 곧 음행과 더러운 것과 호색과 우상 숭배와 주술과 원수 맺는 것과 분쟁과 시기와 분냄과 당 짓는 것과 분열함과 이단과 투기와 술 취함과 방탕함과 또 그와 같은 것들이라…이런 일을 하는 자들은 하나님의 나라를 유업으로 받지 못할 것이요, 오직 성령의 열매는 사랑과 희락과 화평과 오래 참음과 자비와 양선과 충성과 온유와 절제니 이 같은 것을 금지할 법이 없느니라. _갈 5:16-23

또한 구원받아 회복된다는 것은, 성령 안에서 성령을 따라 사는 것이며, 이는 이미 새 하늘과 새 땅에서 사는 것과 같다. 비록 지금은 여전히 죄와 사망의 지배를 받는 이 땅에서 살고 있지만, 성도는 장차 새 창조의 세상에서 펼쳐질 하나님의 통치를 지금 여기서 미리 맛보며 살고 있는 것이다. 그는 마치 선진국 시민으로, 거기서 살다가 잠시 미개한 나

> 그러므로 그리스도인이라면 세상을 부러워할 이유가 전혀 없다. 그는 가장 앞선 나라, 장차 올 '선진국'에서 살고 있는 사람이기 때문이다.

라에 와서 머물고 있는 '대사'ambassador 와도 같다.

그러므로 그리스도인이라면 세상을 부러워할 이유가 전혀 없다. 그는 가장 앞선 나라, 장차 올 '선진국'에서 살고 있는 사람이기 때문이다. 최고 통치자인 하나님과 기도로 교통하며, 성령 안에서 기쁨과 사랑으로 사는 삶이야말로 가장 앞선 선진국 국민의 삶이기 때문이다.

> 그러므로 우리가 그리스도를 대신하여 사신이 되어 하나님이 우리를 통하여 너희를 권면하시는 것 같이 그리스도를 대신하여 간청하노니 너희는 하나님과 화목하라. _고후 5:20

우리는 때로 우리나라를 대표해서 대통령을 모시고 타국에 가서, 거기서 부끄럽고 추한 일로 말썽을 일으키고 그 나라 사람들의 비난거리가 된 경우를 보게 된다. 그것은 심히 수치스러운 일이다. 그래서 우리는 가장 앞선 선진국인 하나님 나라의 대사로서 이 땅에 머물며, 그분의 나라의 통치 질서와 법도를 따라 살면서 그 나라의 왕의 뜻을 전달하고 이루는 일에 주의해야 한다.

삶으로 드리는 주기도문

이제
끝이 왔다

:

결국, "나라가 임하시오며"라는 기도는 우리 각자에게 결단을 요청한다. '지금이 종말이다. 결단하라!' 이것이 복음서의 첫 메시지이다. 역사가 끝났다. 초역사가 들어왔기 때문이다. 불의한 세상이 끝났다. 아주 판결이 났다. 십자가를 보라. 하나님의 심판이 두렵고 무섭게 임했다. 보이지 않는가, 하나님의 아들이 무참하게 처형을 당한 사실이! 그것이 하나님의 최종적 심판이다. 그것이 불의한 자들의 종말이다. 양을 먹이지 않고 양을 먹는 악질적인 목자들의 종말이다. 하나님을 알지 못하며, 이웃을 갉아먹으며 밀실에서 거짓을 지어내며, 억울한 자의 등을 짓밟아 아주 일어나지 못하게 하는 악인들의 종말이다. 또한 거짓을 들려주고 풍요와 함께 불의를 파는 거짓 목자들을 고용한 양 무리, 하나님을 버린 양 무리의 종말이다.

끝이 왔다. 이제는 애통하는 자가 복이 있다. 가난한 자, 의에 굶주린 자가 복이 있다 마 5:1-12. 끝이 이미 와 버렸기 때문이다. 결론이 이미 나 버렸기 때문이다. 누가 영벌을 받는지, 누가 죽어도 다시 사는지 결론이 나 버렸다. 그래서 결론이 난 인생을 살라는 것이 복음서의 한결같은 메시지이다. 하나님을 두려워하지 않으며 거짓을 일삼으며, 불의를 행하며, 이웃을 털어먹고도 아무 일이 없다고 희희낙락하는 자들에게 임할 고통과 재앙을 보라. 십자가를 보라.

십자가를 보라, 십자가를 보라! 하나님의 공의가 어디에 있으며 불의한 자들에 대한 심판이 어디에 있느냐는 자들아, 십자가를 보라. 하나님의 오래 참으심을 보라. 하나님을 믿고 하나님께로 돌이키지 않는 자들의 심판은 이미 끝난 것이다. 예수를 믿지 않는 자는 이미 심판을 받은 것이다. 믿은 자는 영생을 얻은 것이다. 최후의 심판과 영생이 이미 여기에 있다 요 3:16-19. 복음을 잃어버린 자들이여, 자위하지 말라. 승리는 미래에 있지 않다. 이미 여기에 있다! 억울한 자처럼 살지 말고, 밭에 감추인 보화를 발견한 자처럼 살라. 이미 끝이 나 버렸기 때문이다. 하나님 나라가 왔다. 각기 회개하고 돌이켜 그리스도와 하나님을 믿으라. 이것이 복음이다. 복음의 첫 메시지이다. 그리고 이 복음을 받은 사람은 더욱 간절히 기도한다. "하나님 나라가 더욱 충만하게 온전히 임하옵소서!"

> 더 깊은 묵상과 나눔을 위하여

"나라가 임하시오며"

1. 본문을 읽고 각자 새롭게 깨달은 것들이 있다면, 세 가지 정도만 정리해서 서로 나누어 보자. 함께 질문도 하고 대답도 하면서 서로 이야기해 보자.

2. 하나님 나라의 실제적인 영역으로서, 정치, 경제, 교육, 가정, 문화-예술, 과학 기술, 종교 및 여러 분야 가운데, 자신이 가장 관심 있는 영역은 무엇이며, 그 영역 속에서 가장 하나님의 뜻에 어긋나는 현상은 어떤 것이 있는지 말해 보자. 그리고 그 영역에서 하나님의 통치가 이루어진다면, 어떻게 달라져야 할지도 서로 이야기해 보자.

3. 하나님 나라는 그분의 성령 가운데 거하며, 예수 그리스도의 형상, 그분의 마음과 성품과 삶을 닮아 가는 삶이다. 내 마음과 삶에서 가장 주님을 닮은 부분이 있다면 무엇인가? 가장 닮지 못한 부분이 있다면 무엇인가?

4. 나의 가정, 교회를 위해 기도하자. 하나님의 순전한 말씀과 성령 하나님의 깨끗하고 화평한 통치가 이루어지도록 기도하자.

5. 이 사회의 각 영역에 하나님의 통치가 이루어지도록 기도하자. 각 영역마다 한두 가지 간구의 제목들을 정하여, 집중적으로 간구하며 기도하자.

6. 직접, 간접적으로 나와 연관된 선교사님들을 떠올리며 그들을 위해 기도하자. 분쟁과 핍박이 있는 곳에서 위험에 처한 그리스도인들을 위해 기도하자. 아직 복음이 전해지지 않은 민족과 나라와 지역들을 위해 간구하며 기도하자.

7. 주님 다시 오실 날을 기대하는 소망의 찬송을 함께 부르자. 종말에 완성하실 하나님 나라의 영광과 승리를 찬양하는 찬송을 함께 부르고, 주께서 오셔서 모든 악을 멸하시며, 새 하늘과 새 땅을 창조하시며, 의와 평강이 거하는 나라를 완성하실 것을 바라보며, 함께 통성으로 간구하며 기도하자.

뜻이
하늘에서
이루어진 것 같이
땅에서도
이루어지이다

5

> 뜻이 하늘에서
> 이루어진 것 같이
> 땅에서도
> 이루어지이다

하나님의 뜻은 무엇인가? 우리는 때때로 '내 뜻'을 하나님의 뜻으로 덮어씌운다. 주님은 '당신의 뜻'이라는 표현을 사용하셨다. 내 뜻이 아닌 당신의 뜻이다. 내 뜻이 아닌 하나님의 뜻이다. 그러므로 이 기도를 드릴 때, 우리는 자신의 내면을 잘 들여다보아야 한다. 주께서 우리의 심령을 말씀과 성령으로 샅샅이 살피셔서, 우리 속에 숨은 동기를 드러내 보여 주시도록 간구해야 한다. 얼마나 많은 경우에, 자신의 뜻을 하나님의 뜻으로 둘러대는가! 하나님의 뜻은 하나님의 말씀인 성경에 명백히 드러나 있다. 세상을 창조하신 하나님께서는 자신을 떠나 타락한 세상을 구속하시고 재창조하고자 하신다. 이것이 가장 원대한 수준에서 드러나는 하나님의 뜻이다. 다른 뜻들은 이 큰 그림 속에 들어간다. 그렇게 하여 그분의 나라를 회복하고자 하신다. 자신의 창조세계를 '회복'restoration하고자 하는 것이 하나님의 뜻이다. 먼저 자신의 백성들을 회복하시고 온 세상을 회복하실 것이다.

이렇게 좋으신
아버지의 뜻
:

그러므로 하나님의 뜻을 구하면서 '먼저 내가 해야 할 것'을 생각하는 것은 순서가 아니다. '하나님이 하셨고, 이루고 계시고, 행하실 그 모든 뜻'이 먼저이다. 그 하나님의 뜻은 일차적으로 우리 자신의 회복이요, 세상의 회복이다. 썩어짐과 더러움과 허무함에서 회복되는 것이 우리를 향한 하늘 아버지의 뜻이다. 죄와 죽음과 허무의 지배에서 우리와 세상을 건져내시는 것이다. 그러므로 그분의 뜻은 우리에게 무엇보다 기쁜 소식이다. 종은 주인이 나타나면, "무

> 하나님의 뜻은 일차적으로 우리 자신의 회복이요, 세상의 회복이다. 썩어짐과 더러움과 허무함에서 회복되는 것이 우리를 향한 하늘 아버지의 뜻이다.

엇을 할까요?"라고 묻게 된다. 하지만 자녀는 아버지가 집에 들어오시면 먼저 품에 안긴다. 손에 들고 오신 선물을 찾는다. 사랑하는 아버지이기 때문이다. 우리를 사랑하시는 아버지임을 알고 있기 때문이다.

성도는 자녀이다. "하늘에 계신 우리 아버지여"라고 부르지 않았는가. 아버지의 뜻은 자녀가 잘되는 것이다. 그러므로 하나님의 뜻은, 내가 주일을 잘 지키고 헌금을 잘하고 봉사를 잘하고 또 정직하고 바르게 사는 것 이전에, 나에게 생명을 주시는 것이며, 우리가 그 영적 생명을 더 풍성하게 누리는 것이다. 따라서, 믿음이란 하나님께서 주시는 은혜와 생명을 잘 받아 누리는 마음이다. 하나님의 사랑과 베푸신 모든 은혜를 충만히 누릴 줄 아는 것, 그것이 하나님의 뜻을 이루는 것이다.

> 우리가 세상의 영을 받지 아니하고 오직 하나님으로부터 온 영을 받았으니 이는 우리로 하여금 하나님께서 우리에게 은혜로 주신 것들을 알게 하려 하심이라. _고전 2:12

아버지는 '주시는 분'이다 약 1:17. 그리고 믿음이란 일차적으로, 그분이 주시는 것을 받는 것이다. 사랑받은 자녀가 사랑할 줄 안다. 하나님께서는 예수 그리스도를 통해 이미 모든 것을 우리에게 주셨다. 그것이 하나님의 뜻이다. 그 은혜를 다 알게 하시기 위해 그분의 성령을 주셨다. 하나님은 먼저 주시지 않고는 명령하지 않으신다. 그래서 그분의 명령, 그분의 뜻은 그것을 순종하는 이에게 그분의 무한한 은혜의 세계를 누리게 한다. 우리를 무한히 사랑하시는 하나님께서 오직 하나님만 사랑하라고 하시는 것은, 그분이 우리를 어떻게 얼마만큼 사랑하시는지를 알게 하려 하심이다.

동시에 하나님의 뜻은, 이를 통해 우리가 행할 바를 행하는 것이다. 아버지가 자녀에게 이를 닦으라거나 좋은 음식을 골고루 먹고 운동을 하라고 말하는 것은, 자녀가 그 말에 순종하여 잘 성장하기를 바라기 때문이다. 이처럼 하나님의 뜻에는 우리에게 주시는 명령들이 있다. 아버지의 뜻은 자녀가 건강하게 성장하는 것이다. 하지만 그저 잘 먹고 잘 사는 정도가 아니다. 하나님을 닮은 자녀답게 성장하여 장차 아버지의 나라를 물려받아 그 나라를 다스릴 자들로서 훌륭하게 성장하는 것이다. 또한 하나님의 뜻은, 하나님의 자녀 된 교회가 무슨 일이 있어도 그 아들 예수 그리스도의 형상을 따라 온전하게 회복되는 것이다.

5. 뜻이 하늘에서 이루어진 것 같이 땅에서도 이루어지이다

> 우리가 알거니와 하나님을 사랑하는 자 곧 그의 뜻대로 부르심을 입은 자들에게는 모든 것이 합력하여 선을 이루느니라. 하나님이 미리 아신 자들을 또한 그 아들의 형상을 본받게 하기 위하여 미리 정하셨으니 이는 그로 많은 형제 중에서 맏아들이 되게 하려 하심이니라. _롬 8:28-29

왜 하나님께서는 우리를 위하시는가? 왜 모든 일이 합력하여 선을 이루게 하시는가? 그 아들의 형상을 본받게 하려 하심이다. 이것보다 더 중요한 것은 없다. 성경은 자주 '그러므로 어떠한 사람이 되어야 하겠느냐!'라고 묻는다. 이미 임했고 장차 완성될 하나님의 나라에서 그 나라를 하나님의 성품과 뜻과 지혜로 다스릴 그의 백성들이 지금 태어나며 성장하고 있기 때문이다. 그래서 하나님 나라의 도래에 있어서 교회만큼 중요한 기관은 없다. 거기서 복음을 통해 새 생명을 얻고 그 아들의 형상을 따라 성장하는 성도들이 세워지기 때문이다. 이들이 세상의 소금이요 빛이다. 그러므로 하나님의 뜻이 이루어진다는 것은 성도가, 우리가, 내가 그리스도의 형상을 닮아 가야 함을 뜻한다.

섭리와 책임

:

'에이, 이게 다 하나님의 뜻이야!' 흔히 우리는 하나님의 섭리라고 하면서 모든 것을 덮어버리곤 한다. 하지만 '하나님의 뜻'이라고 할 때, 하나님께서 인간에게 그 위치에 맞게 권세를 위임한 사실을 간과해서는 안 된다. 물론 인간이 죄를 고집한 선택과 결과를 두고, 그것을 하나님께서 '내버려 두셨다'고 할 수 있다. 하지만 그것을 두고 적극적으로 '하나님의 뜻'이라고 표현하지는 않는다.

> 그러므로 하나님께서 그들을 마음의 정욕대로 더러움에 내버려 두사 그들의 몸을 서로 욕되게 하게 하셨으니. _롬 1:24

사람이 죄를 선택하고 그것을 고집하여 돌이키지 않고자 하면, 하나님께서는 그대로 두실 수 있다. 하지만 이런 경우 그것은 결단코 '하나님의 뜻'이 아니었다. 오히려 정반대였다. 어떤 사람이 불 속에 뛰어들려고 한다. 당신은 극구 말렸지만 결국 그가 뛰어들고 말았다. 그것이 당신의 뜻이었는가? 어떤 사람이 와서 당신의 이웃집을 강탈하려고 했다. 당신이 저항하고 말렸지만, 그 악한 사람은 그대로 악행을 저질렀다. 그렇게 되는 것이 당신의 뜻이었는가? 그러므로 모든 것이 다 하나님 뜻이었다는 식으로 얼버무려서는 안 된다. 그렇게 말하는 것은, '모든 것이 다 팔자소관'이라고 말하는 것과 다르지 않다. 하나님의 뜻은 '팔자'가 아니다. '팔자' 같은 개념으로 인간의 선택과 역사를 설명하는 사람에게 역사의식이나 책임의식이 있을 수 없다. 그것은 이 세상에서든지, 장차 오는 세상에서든지 마찬가지이다.

> 하나님은 자기의 형상대로 사람을 만드시고, 권한을 위임하시며, 그 인생과 역사 앞에서 책임 있는 존재가 되게 하셨다. 그러므로 위임받은 권세에 대한 책임과 심판에 대한 언급 없이, 모든 것을 결과적으로 하나님의 뜻이었다는 식으로 덮어 버릴 수 없다.

하나님은 인격이시다. 그분은 우리를 인격으로 지으셨다. 인격은 책임지는 존재이다. 하나님은 자기의 형상대로 사람을 만드시고, 권한을 위임하시며, 그 인생과 역사 앞에서 책임 있는 존재가 되게 하셨다. 그러므로 위임받은 권세에 대한 책임과 심판에 대한 언급 없이, 모든 것을 결과적으로 하나님의 뜻이었다는 식으로 덮어 버릴 수 없다. 그것은 종종 자신의 또 다른 죄악 된 선택을 정당화하려는 숨은 시도에 지나지 않는다.

〈밀양〉이라는 영화가 한때 교회와 사회에 큰 파장을 불러일으켰다. 예수 믿고 구원받았다고 확신하는 살인범이 자신이 유괴하고 죽인 어린아이의 어머니 앞에서 "이미 나는 하나님께 용서받았고 구원받았다"라고 히죽거리는 모습 때문이었다. 살인자가 예수 믿고 용서받는 것이 어찌 하나님의 뜻이 아니랴. 하지만 그가 살해한 그 아이를 잃은 엄마가 아직 그를 용서할 준비가 되지 않았다면, 그는 당연히 입을 다물고 가슴을 찢고 눈물을 흘리며 용서를 구했어야 했다. 기다렸어야 했다. '이제 다 용서받은 것'이라는 그 말은 살인자가 아니라, 오히려 아이를 잃은 그 엄마가 먼저 했어야 하는 것이다.

마음 아픈 일이다. 왜 모든 것이 하나님의 섭리가 아니겠는가. 그래 이제 다 잊자고, 모든 것이 다 하나님의 섭리였다고, 그 악을 만난 고난이 결국 우리를 강하게 했다고 말할 수 있을지도 모른다. 하지만 설사 그런 경우에도, 그 악행의 결과로 덕을 본 자들이 아니라, 그 악행의 결과로 피눈물을 흘렸던 그분들의 입에서 먼저 그것이 다 하나님의 뜻이었다는 고백이 나올 때까지 기다려 주어야 한다.

'모든 것이 하나님의 섭리'였다고 말할 수도 있다. 하지만 그 말을 할 수 있는 사람과 해야 할 때가 따로 있을 것이다. 그것은 단지 신학적인 문제가 아니다. 악을 행한 사람과, 고통 속에 있는 사람을 어떻게 대하느냐의 문제이다. 우리들의 기독교에는 우리를 잘살게 해 주시는 하나님은 있다. 경제 대국이 되게 해 주시고, 세계 최고가 되게 해 주시는 하나님은 있다. 그러나 진정으로 하나님의 뜻을 안다는 것은 어둠 속에 빛이 들기 시작한다는 것, 그리고 무엇보다 타인의 고통에 눈을 뜬다는 것이다.

긍휼, 타인의 고통

:

하나님의 뜻은 긍휼이다 마 22:34-40. 그것은 타인의 고통에 대한 것이다. 하나님께 우리는 타인이었다. 하나님의 아들이 하늘에서 이 처참한 땅까지 내려오실 이유가 없었다. 타인의 고통에 대한 그분의 긍휼이 아니었다면, 결코 그럴 수 없는 일이었다.

> 우리 주 예수 그리스도의 아버지 하나님을 찬송하리로다. 그의
> 많으신 긍휼대로 예수 그리스도를 죽은 자 가운데서 부활하게
> 하심으로 말미암아 우리를 거듭나게 하사 산 소망이 있게 하시
> 며. _벧전 1:3

우리에게 '살아 있는 소망'이 숨 쉬고 있는 이유, 썩지 않고 더럽지 않고 쇠하지 않는 하나님 나라에 대한 소망이 날마다 우리 속에 살아 꿈틀거리는 이유는 우리가 거듭났기 때문이다. 그것은 우리가 예수 그리스도를 믿음으로써 죽음에서 부활하신 그분의 생명과 연합했기 때문이다. 그리고 이 모든 일은 '아버지 하나님의 그 많으신 긍휼' 때문이다. 하나님 아버지께서 우리를 불쌍히 여기셨기 때문이다. 하나님의 뜻은 우리를 향하신 긍휼이다. 그 아들 예수 그리스도는 아버지의 긍휼하신 뜻에 순복하셨다. 그것이 예수께서 돌로 떡을 만들라는 유혹도, 성전 꼭대기에서 자기를 증명하라는 유혹도, 그리고 마귀에게 절한 대가로 온 세상 영광을 얻으라는 유혹도 거절하신 이유이다. 주님은 오직 하나님 아버지의 뜻을 이루고자 골고다 십자가로 한 걸음씩 나아가셨다. 하나님의 뜻은 타인의 고통을 긍휼히 여기는 것이다.

5. 뜻이 하늘에서 이루어진 것 같이 땅에서도 이루어지이다

　예수님을 믿는데, 타인의 고통에 대한 감각이 없다면 어찌 된 일일까? 이웃이야 참사를 당하든, 억울한 일을 당하든, 환난을 만나든 그것이 나와 무슨 상관이냐는 듯 살아간다면 그는 깊은 병이 든 것이다. 나환자는 손가락이나 발가락이 떨어져 나가는 순간에도 통증을 느끼지 못한다. 타인의 고통에 대한 통증이 사라졌다는 것은, 그 심령에 나병癩病이 걸린 것이다. 죽어 가는 데도 죽어 가는 줄 모르는 것이다. 오늘날처럼 기독교인이 이기적이고 탐욕스럽게 비추어진 시대는 없었다. 나만 예수 믿고 복 받으면 된다는 식으로 집단 이기주의에 편승하기 일쑤이다.

　어차피 믿지 않는 사람들이니 지옥 갈 것이고, 신경 쓸 것 없다고 생각하는 그리스도인들은, 예수님이 가르치신 '선한 사마리아인의 비유'를 다시 읽어 보아야 한다. 사마리아인은 유대인에게 이방인보다 못한 자들로 취급받았다. 지금으로 말하면 기독교인에게 모슬렘 취급받는 사람일 것이다. 강도 만난 자도 하나님을 믿는 사람이라는 전제가 없다. 그저 강도 만난 사람의 고통을 모슬렘으로 취급받는 이방인이 긍휼히 여긴 이야기인 것이다. 주님은 그 긍휼을 칭찬하셨다. 그리스도인에게 그런 긍휼이 없다면, 그는 자신이 하나님 아버지께로부터 받은 긍휼이 무엇인지 전혀 모르는 자인 셈이다. 복음은 타인의 고통을 향한 뜨겁고 그칠 줄 모르는 긍휼에 관한 것이다. 그 긍휼이 그로 하여금 고통당한 자의 자리에까지 가서 참여하게 하고, 대신하게 하는 그런 긍휼에 관한 것이다.

하나님의 뜻이 이 땅에서도 이루어지게 한다는 것은 어떻게 하는 것인가? 그것은 하나님께서 내게 부어 주신 그 뜨겁고 다함없는 긍휼을 그대로 나를 통해, 그리고 우리를 통해, 이웃과 원수와 세상에게로 흘려보낸다는 뜻이다. 세상은 얼마나 고통스러운 곳인가. 상상도 못하던 급작스러운 환난을 만나 자식을 잃은 부모들을 보라. 전혀 생각지 않은 비극을 당해, 고통과 상처를 안고 사는 사람이 많다. 남모르게 경제적 고통에 시달리는 이웃도 많다. 가정에서부터 깊은 상처를 받고, 방황하고 신음하는 청년도 많다. 부모로부터 방치되고, 학교에서 시달리며, 마음이 죽어 버린 채 무감각한 삶을 살며, 원하는 것도 꿈꾸는 것도 잊어버린 우리의 아이들도 많다.

모든 그리스도인은 세계적인 그리스도인 World-Christians 이다. 우리의 하늘 아버지께서 창조주이시고 온 세

5. 뜻이 하늘에서 이루어진 것 같이 땅에서도 이루어지이다

상의 하나님이시기 때문이다. 이 지구상에는 온갖 비참한 일을 당하는 사람이 많다. 전쟁으로, 기근으로, 무지로, 불치병으로, 정치적 불안정으로, 또한 신앙 때문에 고통당하는 무수한 사람이 있다. 하나님은 우리에게 세상의 모든 고통을 해결하라고 말씀하지 않으신다. 다만 우리에게

> 하나님께서 예수 그리스도의 복음을 통해 우리 심령에 한량없이 부으셨고, 계속 부으시는 그 뜨거운 긍휼을 흘려보내는 사람. 그 사람이 하나님 나라의 사람이다.

다가오는 고통받는 자들, 우리가 책임을 느끼는 자들을 향한 긍휼의 마음을 외면하지 말아야 한다. 저들을 향한 뜨거운 하나님의 긍휼이 우리를 통해 막힘없이 흘러가야 한다.

교회는 오랫동안 '충만'을 강조해 왔다. '성령 충만, 은혜 충만.' 그런데 성령 충만하고도 이기적이고 탐욕스러워지는 지도자, 더러워지는 성도들을 본다. 어떻게 그런 일이 있을 수 있을까? 성령이 문제가 아니고 은혜가 문제가 아니다. 그것을 '예수 믿고 잘살아 보세'라는 세속적인 복음으로 내 안에, 우리 안에 가두기 때문은 아닐까. 충만한 것은, '통'通하여 흘려 내보낼 때 더 깨끗하고 건강해진다. 막지 않고, 흐르게 하는 것이다. 거세고 활기차게 흐르는 강물을 막아 호수처럼 가두어 두면 온갖 녹조 현상이나 큰빛이끼벌

레 서식 같은 부작용이 일어난다. 하나님께서 예수 그리스도의 복음을 통해 우리 심령에 한량없이 부으셨고, 계속 부으시는 그 뜨거운 긍휼을 흘려보내는 사람, 그 사람이 하나님 나라의 사람이다. 그렇게 사는 것이, 하나님 나라의 뜻을 자신의 심령에, 우리의 가정과 교회에, 그리고 세상에 이루게 하며 사는 삶이다.

진실함, 공정함 그리고 화목함

:

하나님의 뜻은 또한 진실하다. 거짓이 없다 약 3:13-17. 주님은 하나님 나라의 임재 안에 들어온 그분의 백성들이 받을 복을 말씀하셨다.

애통하는 자는 복이 있다. 저들은 애통하지만, 그 애통하는 가운데서도 하늘의 위로를 받는다. 왜 애통하는가? 악을 만났기 때문이다. 거짓과 부패와 악이 저지르는 참혹한 일들을 만났기 때문이다. 그럼에도 그 악을 악으로 갚지 말아야 하기 때문이다. 하나님의 법과 뜻을 따르기 위해 참아야 하기 때문이다. 공의와 진실을 기다려야 하기 때문이다.

왜 의에 주리고 목마른가? 예수 믿어 복을 받음으로 먹고 입을 것이 풍성해져도, 예수 믿는 사람들은 '주리고 목마름'을 벗어나지 못한다. 그래야 마땅하다. 의義에 굶주리고, 의에 목마르다. 갈증이 생긴다. 불의한 사회, 불의한 구조, 불의한 행태를 보고 그저 지나가지 못한다. 잠을 설친다. 잊히지 않는다. 양심이 침묵하지 못하게 한다. 그저 아무렇지도 않은 것으로 덮어둘 수가 없다. 더욱 의로운 사회가 되기를 소망한다. 그래서 꿈꾸고 기도하고 행동으로 옮긴다. 하나님의 나라는 '의와 평화'가 거하는 나라이다.

> 그러나 주의 날이 도둑 같이 오리니…너희가 어떠한 사람이 되어야 마땅하냐. 거룩한 행실과 경건함으로 하나님의 날이 임하기를 바라보고 간절히 사모하라. 그 날에 하늘이 불에 타서 풀어지고 물질이 뜨거운 불에 녹아지려니와 우리는 그의 약속대로 의가 있는 곳인 새 하늘과 새 땅을 바라보도다. _벧후 3:10-13

하나님의 나라는 '의'가 거하는 땅이다. 의를 뽑아내고 버리고 핍박하고 죽이는 땅이 아니라, 불의가 뽑히고 버려지고 불태워지고, 오직 좋은 포도나무처럼 의가 심겨져 그 열매를 내는 평화의 땅, 샬롬의 땅이다. 그러므로 그 나라에 속한 그리스도인은 누구나 간절히 의를 사모하여야 한다. 진리를 사모하여야 한다. 거짓을 미워하고 진리에 속해야 한다.

무엇이 '의'인가? 의는 '관계'이다. 하나님과의 바른 관계, 이웃과의 바른 관계, 세상과의 바른 관계이다. 오직 의로우신 분은 하나님 한 분뿐이시다. 하나님은 의로우시다. 그러므로 하나님을 믿고 그분을 알며 그분을 사랑하여, 그분을 누리며 영원토록 즐거워하는 것이 '의로운' 삶이다. 하나님을 향하여 '겸손'한 것, 그것이 의이다. 그분은 전능하시므로, 그분 앞에서 우리의 전적인 무능無能을 고백하는 것이 겸손이요 그것이 마땅한 의이다. 그분은 오직 거룩하시므로, 그분 앞에서 우리에게 어떤 거룩함도 없음을 고백하는 것이다. 그분만이 선하시므로, 그분 앞에서 우리에게는 그 어떤 선도 없음을 고백하는 것이다. 오직 그분이 모든 것이 되시므로, 그분 앞에서 우리는 아무것도 아님을 고백하는 것이다. 그것이 '의'이다.

또한 의는 이웃 간의 관계이다. 바른 질서이다. 바른 질서는 얽매임이지만 동시에 자유를 가져온다. 성경이 가르치는 자유는, 하나님의 말씀과 그분의 통치 질서 안에서

5. 뜻이 하늘에서 이루어진 것 같이 땅에서도 이루어지이다

그 질서와 조화를 누리는 자유이다. 죄는 빗나가는 것이다. 못 미치는 것이다. 막히는 것이다. 혼돈되는 것이다. 죄의 지배에서 벗어난 그 나라의 시민들은, 이제 하나님 나라의 질서, 그분의 말씀을 통해 참자유를 누리는 법을 배우게 된다. 그리고 이웃을 내 몸처럼 사랑하는 것, 긍휼을 흘려보내는 것이, 욕심을 내어 빼앗고 핍박하고 미워하는 것보다 훨씬 자유롭고 기쁘고 살맛 나는 일임을 더욱더 알게 된다. 나를 위해 사는 이기적인 삶에도 어느 정도 기쁨이 있지만, 하나님을 위해, 이웃을 위해 그들이 기뻐하는 것을 보는 즐거움은 훨씬 깊고 영원한 기쁨이라는 사실을 깨닫고, 그런 사랑의 삶을 누리게 된다. 고통받는 자들에 대한 긍휼에 이끌려, 그들을 회복시키고 살리며 온전케 하는 일에 굶주리고 애통해하게 된다. 그것이 더 큰 기쁨이다.

진리는 그것을 가진 사람에게 그의 증언證言을 요구한다. 이 진리를 증언하는 것은 때로 그의 전 삶을, 때로는 죽음을 요구한다. 거짓이 가득한 세상에서 진리를 붙들고 사는 것은 거짓의 위협에 맞서는 일이기 때문이다. 진리는 그래서 본질상 순교를 요구한다. 순교의 마음 없이 진리를 받을 수 없는 것이다. 진리는 가벼운 것이 아니다. 단지 지식이 아니다. 우리 자신 전체를 던져서 붙들고 증언하고 소유해야 하는 무엇이다.

주님은 '화평케 하는 자가 복이 있다'고 하시고, 스스로 화평케 하는 자의 길을 가셨다. 주님은 가르치시고 스스로 그 가르친 바를 행하지 않으신 것이 없다. 그분은 화평케 하는 자가 하나님의 아들이라고 말씀하시고, 하나님의 아들로서 하나님과 우리 사이를 화목하게 하기 위하여 자신을 친히 십자가에서 내주셨다. 그 고통을 받아들이셨다. 자기를 버리셨다. 진리를 증언한다는 것은 목숨을 다해 하는 것이기 때문이다. 주님은 그렇게 부활에 이르셨다. 우리도 그 길을 따라가야 한다.

5. 뜻이 하늘에서 이루어진 것 같이 땅에서도 이루어지이다

> 더 깊은 묵상과 나눔을 위하여

"뜻이 하늘에서 이루어진 것 같이 땅에서도 이루어지이다"

1. 본문을 읽고, '하나님의 뜻'에 대해 나름대로 깨달은 바를 정리하여 발표해 보자. '하나님의 뜻'은 무엇인가?

2. 나를 향한 하나님의 구원의 뜻, 은혜의 뜻은 어떻게 드러났는지, 드러나고 있는지, 함께 나눌 수 있는 내용들을 찾아 서로 이야기해 보자.

3. 하나님께서 나에게 원하시는 것은 무엇인지, 요즈음에 가장 강력하게 깨닫는 것은 무엇인지 말해 보라. 성경 말씀 중 하나여도 좋고, 말씀에 합당하면서도 내가 깊이 깨달은 내용이라면 함께 나누어 보자.

4. 하나님께서 우리 교회에, 우리 가정에, 한국 교회에 베푸신 크신 구원과 은혜가 있다면 대표적으로 어떤 것을 들 수 있는가? 그리고 행하기를 요구하시는 바가 있다면 무엇이 있

다고 생각하는가? 정리하여 서로 이야기해 보자.

5. 하나님의 섭리와 인간의 책임에 대해 서로 궁금한 내용들을 나누어 보자. 성경은 '하나님께서 정하신 일이기 때문에, 우리가 그 말씀을 순종하여 이루어야 한다'라고 가르친다. 명백히 나의 책임인데, 하나님의 뜻으로 둘러댄 경우는 없는가? 혹은, 하나님께서 섭리하셔서 나의 실수까지도 이용하셔서 내가 더욱 그리스도를 닮아 가게 하신 경우는 없는가? 서로 경험을 이야기해 보자.

6. 하나님의 뜻은 '창조와 구속과 재창조'이다. 즉, 하나님의 뜻은 구원인데 구원은 회복이다. 나는 하나님의 형상인 사람으로서 어떻게 회복되어 가고 있는가? 우리 가정은, 교회는, 사회는 특히 어떤 점에서 회복되어야 한다고 생각하는지 구체적으로 서로 나누어 보자.

7. 하나님의 뜻은 무엇보다 '긍휼, 타인의 고통에 대한 긍휼'이며, '참된 것, 진리와 공의'를 사랑하는 것이다. 이 두 가지 영역에서, 내게 1점부터 10점까지 점수를 준다면 얼마나 주겠는가? 어떤 점을 보다 더 성숙시켜야 할지, 서로 나누어 보자.

8. 하나님의 뜻에 관련된 말씀을 함께 묵상하고, 관련된 찬송을 부른 후에, 하나님의 뜻이 내 안에, 가정 속에, 인간관계 속에, 교회와 사회 속에, 이 땅 위에 임하기를 간절히 사모하며 함께 기도하자.

오늘
우리에게
일용할 양식을
주시옵고

6

오늘
우리에게
일용할 양식을
주시옵고

이제, 우리 자신을 위해 드리는 기도의 시작이다. 주님은 "하늘에 계신 우리 아버지여" 하고는, 우리가 먼저 하나님 아버지의 이름, 그분의 나라, 그분의 뜻을 위해 기도하기를 원하셨다. 그것이 주님의 중심에 있는 가장 갈급한 소원이었기 때문이다. 그분이 하늘 보좌를 버려두고 이 땅에 오신 이유는, 이 땅에서 굶지 않고 다치지 않고 수명이 다하도록 오래 살기 위해서가 아니었다. 우리도 마찬가지이다. 우리는 썩지 않고 더럽지 않고 쇠하지 않는 영원한 나라를 받은 사람들이며, 그 나라에서 영원히 살 사람들이다.

하나님 중심의
단순한 삶

:

그러므로 이제부터 간구하는 우리 자신을 위한 기도의 제목들도, 그저 아무런 목적 없이 예수 믿고 복 받기를 기대하는 마음으로 드리는 기도가 아니다. 바로 앞서 간구한 하나님의 이름, 나라, 뜻을 이 땅에서 이루는 그런 목적을 위해, 우리에게 꼭 있어야 하는 것들을 위한 간구일 뿐이다. 만일 우리가 물질에 대하여 기도한다면, 다른 사람들과의 관계를 위해 기도한다면, 그리고 이 세상 문제에 대해 기도한다면, 그것은 지금부터 드리는 이 간략한 간구의 내용들을 기준으로 삼아야 한다. 그것이 하나님 나라를 이 땅에서 살아야 하는 우리로 하여금, 정말 그렇게 살 수 있도록 인도하는 길이기 때문이다.

예수 믿고 그 영원한 나라를 유업으로 받을 소망을 갖게 된 후에도, 이 땅에서의 삶은 얼마든지 복잡해질 수 있다. 여러 욕심과 유혹과 시험에 휘말릴 수 있다. 쉽게 중심과 목적을 잃기 때문이다. 하나님이 중심이 되시고 하나님의 나라의 뜻을 구하는 것이 목적이 되면 삶은 단순해진다.

'하나님 중심의 단순한 삶'God-centered simple life, 이것이 주기도문 후반부의 전략이다. 단순하게 사는 것이다. 하나님의 이름이 높여지고 그분의 나라의 임재가 전달되며 그분의 뜻이 이루어지기만 한다면, 우리 삶의 모든 조건은 그것을 이루는 데 필요한 만큼으로 단순해져야 한다.

무엇이 더 필요한가? 필요하다면, 필요한 이유를 대야 한다. 내게 있는 물질이 하나님의 이름이 영광을 얻으시는 데 필요한 만큼이라면 그것으로 만족스러운 것이다. 하나님의 임재가 지금 여기에 임하고, 필요한 이들에게 임하도록 하기 위해, 나는 용서할 사람을 용서하고 화해할 사람과 화해해야 한다. 하나님의 뜻이 이루어지는 데 있어서, 내가 세상을 사랑하고 세상 유혹에 끌려 시험에 들고 죄에 시달려서는 기회를 잃고 만다. 단순한 삶을 살아야 한다. 하나님이 중심이 되시고, 그분의 뜻이 이루어지는 것이 우리 삶의 목적이라면, 우리의 삶은 얼마든지 단순해질 수 있다.

> 하나님이 중심이 되시고 하나님의 나라의 뜻을 구하는 것이 목적이 되면 삶은 단순해진다. '하나님 중심의 단순한 삶'God-centered simple life, 이것이 주기도문 후반부의 전략이다. 단순하게 사는 것이다. 하나님의 이름이 높여지고 그분의 나라의 임재가 전달되며 그분의 뜻이 이루어지기만 한다면, 우리 삶의 모든 조건은 그것을 이루는 데 필요한 만큼으로 단순해져야 한다.

'오늘'을 사는
자유

:

삶은 쉽게 복잡해진다. 세상은 많은 유혹거리로 우리의 관심사를 흩어 놓는다. 왜 그렇게 많이 가져야 하는지도 모르는 채 사람들은 재물을 쌓는 데 모든 시간과 정력과 기회를 낭비한다. 명예를 얻는 일에도 헌신한다. 그래서 무엇을 드러내며 어떻게 하나님께 영광이 될지와는 상관없이 무수한 노력과 기회를 의미 없는 일에 쏟아붓는다. 어떤 이들은 과거의 죄책감이나 상처, 무거운 짐에서 벗어나지 못한다. 또 다른 이들은 미래의 걱정과 불안에 짓눌린다. 원하는 것을 얻더라도 그다음의 필요를 따라 또 짓눌리면서 늘 염려로 가득한 오늘을 산다.

사실 '오늘'이라는 시간은 쉽게 얻어지지 않는다. 사람들은 '오늘'을 산다고 하지만, 실제로 '오늘, 지금, 여기'를 살기는 쉽지 않다. 누구에게나 '오늘'이 주어지지만, 쉽게 과거를 살게 된다. 또한 '오늘'이 주어져도 미래의 불안에 짓눌려 살면 오늘이라는 기회는 없다. 그는 과거를 살고 또한 미래에 짓눌릴 뿐이다. 예수 그리스도의 복음은 우리에게 '오늘'

을 돌려준다. 복음은 우리를 과거로부터 해방한다. 과거의 무거운 죄의 짐과 상처, 이 땅에 속한 모든 것의 무게로부터 우리를 해방한다. 죽음의 두려움으로부터 자유롭게 한다.

> 자녀들은 혈과 육에 속하였으매 그도 또한 같은 모양으로 혈과 육을 함께 지니심은 죽음을 통하여 죽음의 세력을 잡은 자 곧 마귀를 멸하시며 또 죽기를 무서워하므로 한평생 매여 종노릇 하는 모든 자들을 놓아 주려 하심이니. _히 2:14-15

우리는 더 이상 죽기를 무서워하며 일생에 매여 종노릇하는 자들이 아니다. 예수 그리스도의 복음은 우리를 죽음의 공포에서 해방한다. 이를 통해 우리는 시간^{時間}도 구속^{救贖}받았다. 우리의 겉사람은 늙어져도, 우리의 속사람은 시간이 지날수록 더욱더 부활 생명으로 새로워진다 고후 4:16. 우리는 더 이상 세상에 속해 있지 않다. 죽음 아래서 썩어져 가고, 죄 아래서 더러워지고, 하나님 없이 허무함에 굴복하는 세상으로부터 건져내심을 받았다.

우리는 하늘에 속한 사람이다. 우리는 하나님께 속한 사람이다. 우리는 장차 오는 새 하늘과 새 땅에 속한 사람이다. 그러므로 우리가 이 세상에 머무는 시간도 이 세상에 속한 것이 아니다. 주께서는 우리의 시간도 구속하셨다. 값 주고 사셔서, 자유를 누리게 하신 것이다. 이제 우리는 이 세상에 사는 동안 죽음이 무서워 종노릇하며 살 필요가 없다. 이제 죄 아래 갇혀 어쩔 수 없이 죄를 지으며 살 필요가 없다. 자유로운 몸이 된 것이다. 이제는 허무한 것들을 찾으며 그것으로 우리 자신을 채울 필요가 없다. 해방된 것이다. 그리스도 안에서 이 모든 피곤한 싸움을 쉬게 되었다.

> 수고하고 무거운 짐 진 자들아, 다 내게로 오라. 내가 너희를 쉬게 하리라. _마 11:28

그분은 하늘과 땅의 모든 권세를 받으신 왕이다. 이미 임했고 장차 완성되는 하나님 나라를 유업으로 받으신 분이다. 그분을 얻으면 모든 것을 얻은 것이다. 그분은 하나님이 어떤 분이신지 알게 하신다. 사람은 하나님을 찾기까지는 그 마음에 쉼을 얻지 못한다. 우리는 예수 안에서 모든 것을 얻었고, 하나님을 알게 된 자들이다 마 11:25-27. 그래서 우리는 예수 안에서 항상 쉴 수 있다. 또한 우리는 모든 것을 가진 자이며, 항상 하나님을 뵈옵는 자들이다. 그래서 염려가 없다. 주님은 내일의 염려로 오늘을 낭비하지 말라고 하셨다. 그것은 이방인들이 사는 방식이다. 그렇게 살지 말아야 한다. 오늘은 그분과 그분의 나라, 그분의 뜻을 위한 시간이다. 어제와 내일은 그분이 맡으셨고, 거기서부터 우리를 자유롭게 하셨다.

> 너희는 먼저 그의 나라와 그의 의를 구하라. 그리하면 이 모든 것을 너희에게 더하시리라. 그러므로 내일 일을 위하여 염려하지 말라. _마 6:33-34

'이 모든 것', 즉 내가 세상에서 얻고 싶어 하는 모든 것을 얻기 위해 그의 나라와 일에 투자하는 것이 아니다. 이미 예수 그리스도 안에서 썩어지고 더럽고 허무한 세상으로부터 건져냄을 받아 영원한 나라를 얻었기 때문이다. 약속된 '이 모든 것'은 우리가 이 세상에서 그분의 뜻을 이루는 데 요긴한 것들이다. 자신이 원하는 것을 기도 응답으로 받아, 그 받은 건강과 돈과 명예 속에서 망해 가는 성도들은 얼마든지 있다. 그것은 복이 아니다. 우리는 이미 모든 것을 받았다. 예수님을 받았으면 모든 것을 받은 것이다. 그분이 모든 보화의 풍요이시다. 그분 안에 부활 생명, 거룩, 의, 지혜,

존귀, 부와 능력, 그 모든 것이 있다 고전 1:30. 우리는 예수 그리스도를 받았으므로, 모든 것을 받은 자들이다.

만족의 기준

:

그러므로 우리의 만족은 예수 그리스도에게 있다. 우리의 만족은 우리가 그분을 통해 그분 안에서 받은 하나님 나라에 있다. 그 나라의 임재가 우리를 부요하게 한다. 가득 차게 한다. 이 땅에서 우리에게 얼마큼의 물질이 있어야 만족할 수 있을까? 기독교 전통에서, 성경에서, 탐욕은 죄이다. 하지만 지금은 탐욕의 시대이다. 모두가 탐욕의 문화 속에서 탐욕을 숨 쉬듯 자연스럽게 받아들인다. 복음도 우리의 탐욕을 채워 주는 용도로 왜곡되었다. 탐욕을 채운 사람들이 소위 '성공'한 사람으로 대접받는다. 탐욕은 만족을 모른다. 정말 그러한가? 성경은 그 기준을 제시한다.

> 그러나 자족하는 마음이 있으면 경건은 큰 이익이 되느니라. 우리가 세상에 아무것도 가지고 온 것이 없으매 또한 아무것도 가지고 가지 못하리니 우리가 먹을 것과 입을 것이 있은즉 족한 줄로 알 것이니라. _딤전 6:6-8

물질에 관한 한, 이것이 성경에서 말하는 신자들이 가져야 할 만족의 기준이다. 어떤 상태가 만족할 만한 상태인가? '먹을 것과 입을 것이 있는 상태'이다. 오늘날은 아무리 가난하다 해도 먹을 것과 입을 것이 없는 경우는 거의 없다. 그렇다면 그는 만족해야 한다. 그것 이상을 바라는 것은, 자신의 만족을 위해서가 아니라 하나님과 이웃의 만족을 위해서 해야 한다. 오늘날 우리가 사는 자본주의 사회는 무한 소비 사회이다. 탐욕을 부추겨서 소비를 조장하는 사회이다. 그래서 사람들은 필요하지 않은 것을 욕구하고 사는 일에 익숙해져 있다. 이런 사회 분위기 속에서, '오늘 꼭 필요한 것만'을 구하고 그것에 만족하며 사는 심령의 태도는 반드시 간구해야 할 기도 제목이다. 그렇다면 그 이상으로 우리에게 주어지는 재물에 대해서는 아무것도 저축하지 말고, 먹고 입는 것 외에는 다 버려야 하는가? 그렇지 않다. 주님은 우리에게 적극적으로 재물을 쌓아 두라고 가르치신다. 다만, '하늘'에 쌓아 두라고 하신다.

> 오직 너희를 위하여 보물을 하늘에 쌓아 두라. 거기는 좀이나 동록이 해하지 못하며 도둑이 구멍을 뚫지도 못하고 도둑질도 못하느니라. _마 6:20

그러므로 신자는 열심히 저축하는 생활을 해야 한다. 하늘에 재물을 쌓는다는 것은 가난한 이웃을 위해 돈을 사용함을 뜻한다. 말씀이 없어 굶주리고 떡이 없어 굶주린 자들을 돕는 것이다. 그것이 하늘에 재물을 쌓는 저축법이다. 그들도 '사람이 떡으로만 사는 것이 아니라, 하나님의 입으로 나오는 모든 말씀으로 사는 것'임을 알게 되도록 돕는 일에 쓰는 것이다.

참된 양식을 위해
:

한번은 제자들이 주님을 두고 마을로 내려간 적이 있다. 그들이 돌아올 때, 주님께 드리려고 먹을 것을 가져왔다. 그때 주님은 먹을 양식에 대하여 뜻밖의 말씀을 하셨다.

> 이르시되 내게는 너희가 알지 못하는 먹을 양식이 있느니라. 제자들이 서로 말하되 누가 잡수실 것을 갖다 드렸는가 하니 예수께서 이르시되 나의 양식은 나를 보내신 이의 뜻을 행하며 그의 일을 온전히 이루는 이것이니라. _요 4:32-34

밥을 먹으면 힘이 난다. 그러나 밥을 잘 먹고도 힘이 빠지고, 무기력하며, 사는 것이 전혀 의미가 없을 때도 있다. 우리를 정말 살게 하는 것은 주의 뜻을 행하는 것이다. 주님은 자신을 이 땅에 보내신 하나님 아버지의 뜻을 행하는 것을 양식 삼아 사셨다. 그분께서 광야에서 시험받으실 때에, 마귀를 대하여 말씀으로 승리하신 그대로 사신 것이다. 날마다 자기를 보내신 이의 뜻을 행하는 것을 힘으로, 기쁨으로 삼으신 것이다.

> 예수께서 대답하여 이르시되 기록되었으되 사람이 떡으로만 살 것이 아니요 하나님의 입으로부터 나오는 모든 말씀으로 살 것이라 하였느니라 하시니. _마 4:4

우리는 어떨 때 가장 힘이 나는가? 우리는 먹기 위해 살지 않고, 진정으로 살기 위해 먹는다. '오늘'이라는 자유의 시간, 죄와 죽음과 장래의 염려에서 우리를 자유롭게 하사 기회로 준 이날은, 하나님을 기뻐하며 그분을 즐거워하고 그분의 뜻을 행하기 위한 날이다. 일용할 양식은 참된 양식을 위해 존재한다. 주의 뜻을 행하는 삶이 우리를 만족하게 한다.

'우리' 모두를 위한 양식

:

또한 우리에게 허락된 물질은 '나'만을 위한 것이 아님을 가르치신다. '우리'에게 있어야 할 양식이다. 경제적으로 나아졌다고 하지만, 아직도 힘겹게 사는 이웃들이 많다. 부족한 것은 음식이 아니다. 물질이 아니다. 돌아보면, 관심과 사랑이 부족하다. '나'만을 위한 재물이라고 생각하기 때문이다. 성경의 원리에 따르면, 많이 거둔 자나 적게 거둔 자나 함께 나누어 부족함이 없는 공동체가 되어야 한다. 거두는 것은 자유롭게 하지만, 나눌 때는 함께하는 긍휼의 원리가 있어야 한다. 그것이 작은 규모의 하나님 나라이다. 교회가 그래야 하고 마을이 그래야 하고 사회가 그래야 한다.

6. 오늘 우리에게 일용할 양식을 주시옵고

기록된 것 같이 많이 거둔 자도 남지 아니하였고 적게 거둔 자도 모자라지 아니하였느니라. _고후 8:15

얼마 전 다음과 같은 가슴 아픈 뉴스를 들었다.

"송파 반지하방서 동반자살, 2014년 2월 27일. 박 아무개(61세)씨와 큰딸 김 아무개(36세)씨, 작은딸(33세)이 숨진 채 발견된 건 26일 저녁 8시 30분께였다. 서울 송파구 석촌동의 2층짜리 단독주택에 딸린 반지하집이었다. 이들의 집은 33㎡(10평) 남짓했다. 방 2개와 주방이 전부였다. 남편은 12년 전에 암으로 숨졌고, 첫째 딸은 당뇨와 고혈압에 시달렸으며, 둘째 딸은 편의점 아르바이트를 했다. 그런데 식당 일을 하며 생계를 책임지던 엄마가 팔이 부러져 일을 못하게 되었다. 이들은 월세 50만 원과 생활비를 충당하지 못해 극적인 선택을 하고 말았다. 그들이 남긴 하얀 봉투엔 5만 원짜리 14장이 들어 있었다. '주인아주머니께…죄송합니다. 마지막 집세와 공과금입니다. 정말 죄송합니다.' 생의 마지막 순간조차 그들은 '미안하다'고 봉투에 적었다. 60대 어머니와 30대 두 딸은 돈 봉투를 남기고 이승을 떠났다." -〈한겨레〉 2014년 2월 27일자 요약.

밀린 집세와 공과금을 두고 가는 것이 양심에 걸렸던 순박한 이웃이었다. 그래서 더 마음 아픈 소식이었다.

주님은 가난한 이웃을 돌보라고 부탁하셨다. 의지할 곳 없고 보호받을 길 없는 이웃은 우리 그리스도인들의 몫이다. 초대교회에서 야고보는 사도 바울이 전하는 '율법의 행위로가 아니라 오직 믿음으로'의 복음을 인준하면서도, 주님의 부탁을 전했다. 그것은 가난한 이웃을 돌아보고 붙들어 주라는 것이다. 오늘날처럼 부유한 사회에서도 극한 가난에 시달리는 이웃들이 있다. 먹을 것뿐 아니라 관심이 필요하다. 사랑이 필요하다. 곁을 지켜 주는 지속적인 관계가 필요하다.

책임 있는 삶, '낯선' 삶

자신만을 위해 부와 재물을 쌓는 행위에는 마땅한 책임과 심판이 따른다. 거룩하시고 공의로운 하나님이 이 세상의 창조주요 왕이시며 심판주이시기 때문이다. 그래서 재물은 그것을 모으는 방식뿐 아니라 그것을 쓰는 방식에 있어서도 책임이 따른다. 정당한 방식이 아닌, 일꾼에게 마땅한 삯을 주지 않으면서 모은 재물은 심판의 날에 그들을 찌르는 칼이요 죽이는 독이 될 것이다. 이웃과 함께 나누지 않고, 대대로 후손을 위하여 재물을 쌓아 두고, 날마다 사치와 방탕을 일삼으며 재물을 사용하는 일도 만군의 여호와의 '도살의 날'을 피하지 못할 것이다 약 5:1-6. 주께서는 맡은 자에게는 맡은 만큼의 충성을 요구하신다. 많이 맡은 자에게는 더 많이 요구하신다. 충성은 주님의 뜻에 맞게 신실하게 청지기 노릇을 다함을 뜻한다. 재물은 나를 통하여 이웃을 복되게 하시는 하나님의 도구이다. 내 주변의 이웃이 부족함이 없도록 하는 것이 참된 부의 조건이다.

한때 고지론 高地論이 있었다. 믿는 자들이 높은 곳을 차지해야 사회가 하나님 나라가 될 것이라는 주장이었다. 한때 청부론 淸富論도 있었다. 깨끗한 부자가 되어야 많은 일을 할 수 있다는 주장이었다. 그래서 예수 믿고 장관도 되었고 대통령도 되었다. 예수 믿고 부자들도 많이 나왔다. 하지만 이 사회가 그들의 선한 영향력으로 하나님 나라의 공의와 긍휼이 넘치는 사회가 되지는 않았다. 이 사회가 교회를

> 주께서는 맡은 자에게는 맡은 만큼의 충성을 요구하신다. 많이 맡은 자에게는 더 많이 요구하신다. 충성은 주님의 뜻에 맞게 신실하게 청지기 노릇을 다함을 뜻한다. 재물은 나를 통하여 이웃을 복되게 하시는 하나님의 도구이다. 내 주변의 이웃이 부족함이 없도록 하는 것이 참된 부의 조건이다.

존경하게 되지도 않았다. 오히려 교회는 예수 믿고 복 받아 그 복 속에서 열심히 타락하는 중이고, 추락의 끝을 모른 채 내려앉는 중이다. 높은 곳도 좋고 많은 것도 좋겠지만, 그보다 먼저, 지금은 그냥, 예수 믿고 예수로 가득 찬 사람, 예수를 닮아 가는 사람, 예수를 따르는 사람이 필요한 시대인 것 같다. 그가 세상 어느 위치에 있든지, 그곳은 하나님께서 보내시는 자리일 뿐이다. 거기서 빛인 사람, 거기서도 소금인 사람, 예수로 가득한 사람, 그래서 예수 향기가 나는 사람, 그런 사람이 필요한 시대 같다. 더 이상 속이지도 속지도 말았으면 좋겠다.

하나님 나라에 속한 사람은 이 세상에서 '낯설게' 살 수밖에 없다. 다르기 때문이다. 가치관이 다르고, 느끼는 것이 다르고, 응답하는 것이 다르다. 오직 성경 말씀을 기준으로, 오직 예수님을 기준으로 판단하고 따라야 한다. 하나님 나라의 백성은 가난하다. 하나님밖에 없어서 가난하고, 하나님 나라밖에 가진 것이 없어서 가난하다. 하지만 그래서 가난하지 않다. 주리고 목마르다. 하지만 굶지 않고 풍성하다. '의'에 주리고 목마르기 때문이다. 긍휼히 여긴다. 긍휼을 흘려보낸다. 자신이 하나님의 넘치는 긍휼을 받고 살고 있기 때문이다. 그들을 만족하게 하는 것은 하나님의 뜻이 이 땅 위에 이루어지는 것을 보는 일이다. 하나님 중심의 단순한 삶을 지향한다. 여행자처럼, 임시로 이 땅에 거주하는 외국인처럼 맡겨진 일에 전념하며 살아간다. 그들은 그 일을 마치면 곧 본국, 자기가 속한 고향집으로 돌아갈 기대 속에서 산다. 거기에 하늘 아버지와 형제자매들, 같은 나라 사람들이 있다. 지금, 여기서, 오늘을 그 나라의 임재 속에서 살면서, 자신을 이 땅에 보내신 분의 뜻에 집중하고 전념하는 사람들이다.

> 더 깊은 묵상과 나눔을 위하여

"오늘 우리에게 일용할 양식을 주시옵고"

1. 본문을 읽으며 새롭게 깨달아지고 또 동의하게 된 부분에 대해 서로 말해 보자. 세 가지 정도만 찾아 정리하여 나누어 보자.

2. '하나님 중심의 단순한 삶'을 살기 위해 내가 가장 먼저 마음속에서, 삶 속에서 정리해야 할 것은 무엇이라 생각하는가?

3. '과거가 나를 무겁게 한다'고 할 때, 나를 가장 무겁게 하는 과거는 어떤 것인가? 과거의 실패나 실수, 상처나 부족함이 있다면 어떤 것인지 진솔하게 이야기해 보자.

4. '미래가 나를 짓누른다'고 할 때, 내 마음을 압박하고 쪼그라들게 만드는 염려와 걱정이 있다면 무엇인지 서로 진실하게 나누어 보자.

5. 주변에 어렵고 힘들게 살고 있는 누군가가 있다면, 이름을 밝히지 말고 그런 경우를 함께 이야기해 보자.

6. 나는 내게 들어오는 재물을 어떻게 사용하는가? 각각 퍼센티지로 나누어 살펴보고, 그중 복음 전파(교회, 선교 등)와 구제에 들어가는 액수가 몇 퍼센트나 되는지 계산해 보고, 어떻게 20퍼센트 이상이 되게 할 수 있을지 고민해 보자. 그렇게 하기에 어려움이 있다면 어떤 것들인지 진실하게 나누어 보자.

7. '하나님 중심의 단순한 삶' 혹은 이 땅에서 '나그네와 행인'된 삶과 관련된 말씀을 묵상하고, 관련된 찬송을 함께 부르자. 과거의 무거움과 미래의 염려에서 벗어나도록, 복음으로 자유를 누리도록, 함께 간구하며 기도하자. 우리의 재정 생활이 '함께 사는' 삶에 합당하게 조정되도록 간구하며 함께 기도하자. '오늘' 주의 뜻을 행하는 것이 우리가 진실로 만족하는 참된 양식이 되도록 간절히 기도하자.

우리가
우리에게
죄 지은 자를
사하여 준 것
같이,
우리 죄를
사하여 주시옵고

> 우리가 우리에게
> 죄 지은 자를
> 사하여 준 것 같이,
> 우리 죄를
> 사하여 주시옵고

이 땅에서 하나님 나라의 임재 가운데 살며, 그분의 뜻을 행하려면, 하나님 중심의 단순한 삶을 살아야 한다. 자신의 관심이 하나님의 나라와 그분의 뜻에 집중되어 있으려면, 사사로운 미움이나 원수 갚는 일에 얽매여 있지 말아야 한다. 인간관계 속에서 상처를 주고받고 원한을 풀지 않는다면, 모든 정력과 노력이 그런 일에 소진되어 버린다. 하나님의 임재에 거하고 그분의 사랑을 마음껏 누리며 그분의 기쁨 안에 거할 수도 없게 된다. 또한 그분의 뜻을 선택하고 거기에 집중할 여유가 점점 사라진다.

하나님은 복음을 통하여, 이런 실타래같이 얽매일 수 있는 관계에서도 자유를 누리게 하셨다. 하나님께서 자유를 주신 것에 대하여 또다시 멍에를 메지 말아야 한다.

용서의
기준

:

그렇다면 용서할 능력이 필요하다. 세상과 맞닥뜨릴수록 악^惡은 더 준동한다. 악한 자들을 만나게 된다. 때로는 그런 일이 가까이에서 일어난다. 가정이나 직장에서, 사회에서, 국가 간이나 민족 간에도 일어난다. 하나님께서 우리에게 베푸신 긍휼과 용서는 무한한 것이다. 여기서 우리의 믿음은 시험대에 오른다. '과연, 이런 것도 용서할 수 있을까? 용서해야 하는가?' 그럴 때마다 주님은 움직일 수 없는 명확한 기준을 우리에게 주신다.

> 새 계명을 너희에게 주노니 서로 사랑하라. 내가 너희를 사랑한 것 같이 너희도 서로 사랑하라. _요 13:34

나에게 상처 주고 피해 준 사람을 용서할 때의 기준은 언제나, '예수님께서 나를 용서하고 사랑하신 것처럼'이다.

7. 우리가 우리에게 죄 지은 자를 사하여 준 것 같이, 우리 죄를 사하여 주시옵고

누구도 이 기준을 피해 갈 수 없다. 어쩔 수가 없다. 만일 주께서 나를 긍휼히 여기사 머리털보다 더 많은 그 죄를 용서하신 그대로, 나도 내게 잘못한 이의 허물을 용서하지 않는다면, 그것은 나 자신의 존재를 부인하는 것이나 다름없기 때문이다. 주님의 긍휼이 아니면 있지도 않았을 내가, 다른 이에게도 흘러가야 할 그분의 긍휼을 막아 버린다면 그것은 내 자신이 서 있는 근거를 스스로 허무는 일이나 다름없는 것이다. 주님은 그러한 사람을 '악하다' 하실 것이다. 여기서 '악하다' 하는 것은, 주님께 받은 긍휼을 자신과 같은 처지에 있는 형제들과 이웃에게 흘려보내지 않고 막아서는 것이다. 그것이 악한 일이다. 그러므로 주님은 우리가 하늘의 하나님 아버지와 그리고 이웃 사이에 서서 그들 사이를 연결시켜 주는 '통通'하는 사람이 되기를 원하신다.

> 너희가 각각 마음으로부터 형제를 용서하지 아니하면 나의 하늘 아버지께서도 너희에게 이와 같이 하시리라. _마 18:35

삶으로 드리는 주기도문

막힘없이
통(通)하는 사람

:

하늘의 바람이 통하는 사람, 그가 하나님 나라의 사람이다. 그는 하늘에 계신 우리 아버지께서 통치하시는 그 나라에서 성령 하나님을 따라오는 은혜와 진리의 바람이 자신을 통과하여 그대로 이웃들과 세상으로 흘러나가게 하는 사람이다. 막힘이 없는 사람이다. 또한 반대로 세상의 고통, 이웃의 아픔, 교회의 눈물과 애통함이 그대로 그를 통과하여, 하늘의 하나님 보좌 앞에 쏟아지도록 하는 그런 제사장 같은 사람이다. 그 사람이 하나님의 나라 안에 거하며, 이 세상에 하나님의 통치를 가져오는 사람이다.

이 두 차원은 서로 연결되어 있다. 하나님과의 관계와 이웃과의 관계는 서로 뗄 수 없다. 예수님은 이 둘 사이를 십자가로 묶어 놓으셨다. 하나님의 뜻을 행하는 것이 그분을 사랑하는 것이다. 주님은 하나님을 사랑하는 증거로, 죄인들을 위해 십자가에서 자신을 드리셨다. 십자가는 '이웃을 네 몸과 같이 사

> 하나님을 사랑한다고 하면서 형제와 이웃을 미워할 수 없다. 그것은 거짓이다. 하나님에 대한 사랑은 반드시 이웃 사랑에서 온전함에 이른다.

랑하라'는 율법의 완전한 성취이다. 가장 귀하신 분이 가장 미천한 자들을 위해 자신을 내주셨다. 그런데 바로 이것이 "목숨을 다하여 하나님을 사랑하라."는 말씀의 성취이기도 하다. 하나님을 사랑한다고 하면서 형제와 이웃을 미워할 수 없다. 그것은 거짓이다. 하나님에 대한 사랑은 반드시 이웃 사랑에서 온전함에 이른다. 하나님을 사랑한다고 하면서 형제를 미워하고, 이웃과 원수를 맺은 채로 살아간다는 것은 스스로를 속이는 일이다. 그것이 하나님을 사랑하는 것일 수 없다.

> 누구든지 하나님을 사랑하노라 하고 그 형제를 미워하면 이는 거짓말하는 자니 보는 바 그 형제를 사랑하지 아니하는 자는 보지 못하는 바 하나님을 사랑할 수 없느니라. _요일 4:20

어떻게 용서하란 말인가?

:

그러므로 가까운 사람이든 먼 사람이든 계속 미워하며 살지 말자. 어떻게 용서할 수 있을까? 나에게, 우리에게 그렇게 큰 상처를 준 사람을 어떻게 용서하란 말인가? 먼저 기도해야 한다. 그 사람을 위해 기도해 보라. 거기가 시작이다. 사랑이 답이다. 미움도 강력하지만, 사랑은 그보다 더 강력하기 때문이다. 의무이기 때문이 아니라, 그것이 문제를 푸는 비법 秘法이기 때문이다. 주님께서 말씀하셨다.

> 그러나 너희 듣는 자에게 내가 이르노니, 너희 원수를 사랑하며 너희를 미워하는 자를 선대하며 너희를 저주하는 자를 위하여 축복하며 너희를 모욕하는 자를 위하여 기도하라. _눅 6:27-28

우리를 저주하는 자를 축복하는 것, 모욕하는 자를 위해 기도하는 것, 원수를 사랑하는 것이 '통'하는 사람이 되는 길이다. 나를 통하여, 우리를 통하여 하늘에 계신 우리 아버지의 사랑의 강력이 바람처럼 통과하여 나아갈 때는, 아무것도 그 앞에서 버텨 설 수 없다. 거기서 우리는 그분의 사랑에 휩싸여 자유를 누리게 된다. 생각해 보라. 그리고 실제로 해 보라. 나를 저주하는 자는 내가 마음에 떠올리기도 쉽지 않다. 생채기에 소금을 뿌리는 것 같기 때문이다. 내 힘으로 그 상처와 아픔, 미움과 분노를 이길 길은 없다.

그러므로 기도하는 것이다. 속으로 축복의 말을 해 보

7. 우리가 우리에게 죄 지은 자를 사하여 준 것 같이, 우리 죄를 사하여 주시옵고

라. 진심으로, 하나님의 사랑을 담아 그를 위하여 기도하라. 가장 먼저 해방되는 것은 당신 자신이다. 그 기도는 당신을 미움과 원한, 그리고 과거의 감옥에서 풀어 준다. 당신은 다시 자유인이고, 이제 과거가 짓누르지 않는 자유로운 '오늘'을 선물로 받는다. 미움은 내가 벗어나고 싶은 그 상대를 내 안에서 더욱 크고 무거운 존재로 키워 준다. 그러나 사랑은 그 원수보다 크고 넓은 세상으로 나를 인도하여 꺼내 준다. 상대방이 나를 품을 수 없다면, 내가 그를 품어 주는 것이 옳다. 그것은 오히려 나의 성장을 가져온다. 내가 더욱 주님을 닮게 한다.

여기에는 지혜도 필요하다. 나를 미워하고 저주하고 모욕하는 자들을 위해 기도하면서 축복의 말을 해 주라. 하나님께서 그들을 더욱 사랑하시며, 복 주시며, 치유하시며, 인도해 주시며, 하나님의 사랑 안에서 온전히 회복되고 복된 삶을 살도록 진심으로 기도하라. 그런데 말씀은 나를 미워하는 자에게는 '선대하라'고 하신다. 좋게 대해 주라는 것이다. 하지만 나를 저주하고 모욕하는 정도가 지

> 미움은 내가 벗어나고 싶은 그 상대를 내 안에서 더욱 크고 무거운 존재로 키워 준다. 그러나 사랑은 그 원수보다 크고 넓은 세상으로 나를 인도하여 꺼내 준다.

나친 사람들에게는 '선대하라'고 하지 않으신다. 계속해서 우리를 악용(misuse)하고 나쁜 뜻으로 이용하는 사람을 '선대하는' 것은 어리석은 일이다. 먼저 기도해 주어야 한다. 나를 미워하는 자를 선하게 대해 주면 그 미움이 풀어질 수 있다. 하지만 나를 지나치게 저주하고 모욕하는 정도라면, 그렇게 하는 것이 지혜롭지 않다.

용서 못 할 집단?

'우리에게 죄 지은 자'라는 표현은, 용서가 단지 개인적 차원의 문제만은 아님을 뜻한다. 초대교회는 유대인들로부터 핍박을 받았다. 후에는 로마에게도 핍박을 받았다. 교회는 스스로를 하나로 연합된 공동체로 여겼으므로, 유대인들에 대한 원한도 있었을 것이다. 로마의 네로 황제 시절에는 그리스도인들을 당시 로마 대화재 사건(주후 64년)의 주범으로 뒤집어씌운 일도 있었다. 특별히 잘못한 일도 없는데, 교회에 가해진 핍박에 대하여 교회가 그들을 용서하는 일은 쉽지 않았을 것이다. 하지만 교회는 예수님이 먼저 가신 '화평케 하는 자의 길'을 따라갔다. 보복이 아니라, 악을 악으로 갚지 않고 선행으로 악을 이기며, 그들의 무지와 악함에서 나오는 저주와 핍박을 축복과 은혜의 강력으로 되갚았다.

초대교회의 순교자들은 한결같이 예수님의 본을 따라, "아버지, 저들을 용서하소서. 저들은 자신들이 하는 일을 알지 못하나이다"라고 기도하며 죽어 갔다. 스데반도 바울도 베드로도, 그 이후 수많은 성도가 살가죽이 벗겨지고, 불에 타고, 맹수에 물려 죽어 가면서도 같은 기도를 드리며 순교했다. 그리고 잔인하고 포악했던 로마는 교회의 원수 사랑의 강력 앞에 무너졌다. 사랑보다 강한 것은 없다.

그래서 교회는 세상에서 자기끼리 똘똘 뭉쳐 이익에는 발이 빠르고, 손해 보거나 핍박을 당하면 곧바로 응징하며, 원한을 쉽게 풀지 않는 집단으로 비쳐서는 안 된다. 교회는 세상에 있는 이익 단체가 아니다. 교회는 하나의 단체로서도 예수님의 본을 따라야 한다.

주님은 그 어떤 사람도 '원수'가 될 수 없음을 가르치셨다. 사람은 '원수'가 될 수 없다. 죄의 본성이 원수요, 악이 원수이며, 마귀가 원수이지, 사람은 언제나 그리고 끝까지 구원의 대상일 뿐이다. 그래서 예수님을 믿어도 자신이 받은 상처를 극복하지 못하고 원수 사랑에 도달하지 못하는 신앙은 '이념'理念의 수준에 그치게 된다. 하나님의 나라는 이 세상 나라가 아니다. 이 세상의 그 어떤 정치 체제도 하나님의 통치와 그분의 나라를 온전하게 구현하지는 못한다. 모두 불완전하며 제한적이다.

민족과 민족, 나라와 나라 사이의 전쟁과 반목도 종종 미움이나 혐오, 원수 맺는 일과 무관하지 않다. 그리스도인들과 교회는 이 영역에서도 지속적으로 평화를 추구해야 한다. 어느 한쪽이 다른 한쪽에게 던진 미움의 돌이, 결국 멈추지 못하는 공포의 포탄과 끊임없이 반복되는 파괴의 불길이 된다. 복수의 불길은 죄악 된 본성에 기름을 부어 모든 것을 태우고 만다. 그러므로 거듭난 심령의 회복된 양심良心을 가진 교회는 옳고 그름을 분별하지만, 그 이상의 은혜와 용서, 사랑과 선善의 강력을 믿어야 한다. 전쟁은 인간이 할 수 있는 가장 어리석고 파괴적인 행동이다. 십자가의 길은 화평케 하는 길이요, 하나님 나라의 은혜의 강력한 강수江水로 그 미움의 불길을 잠재우는 능력이다.

전쟁의 포탄은 단지 땅에 떨어지는 것이 아니다. 한 아이의 마음 한복판에 떨어지고, 단란하게 둘러앉은 한 가정의 밥상을 산산조각 낸다. 한 사람의 인생에 박힌 총탄, 그의 삶 한복판에 떨어진 폭탄이 남긴 상처는 여러 세대에 걸쳐 치유되기 어려운 깊은 아픔을 남긴다. 그러므로 교회는 평화를 위해 기도하고, 반목과 원한과 복수의 불길에 참여하지 말아야 한다. 도리어 악을 선으로 갚는 일에 나서야 한다. 주님은 화평하게 하는 자로 십자가의 길을 가셨고, 우리도 그 길을 간다.

삶으로 드리는 주기도문

> 더 깊은 묵상과 나눔을 위하여

"우리가 우리에게 죄 지은 자를 사하여 준 것 같이, 우리 죄를 사하여 주시옵고"

1. 자신이 예수님을 믿고, 죄 사함을 받았을 때의 감격과 기쁨의 기억을 되살려 간단한 간증을 나누어 보자.

2. 지금 내 마음을 가장 불편하게 하는 사람, 받아들이기 어려운 사람, 내 마음에 생채기를 내는 사람이 있다면 왜 그런지, 어떻게 용서하기 힘든지, 진솔하게 말해 보자.

3. '하나님께 받은 긍휼을 그대로 이웃에게 흘려보내는 사람'이라고 했을 때, 이것을 저수지에 비유한다면, 그리고 수문이 10개라면, 나는 몇 개의 수문을 열고 사는 사람인지 말해 보고, 그 이유를 말해 보자. 왜 다른 수문들은 모두 닫혀 있는지에 대해서도 서로 이야기해 보자.

4. 용서하기 힘든 사람을 용서한 경험이 있다면, 어떤 일이었으며 어떻게 그렇게 할 수 있었는지 함께 나누어 보자.

5. 한국 교회가 용서할 수 없는 집단이라고 생각하는 집단이 있다면? 한국 사람들이 용서할 수 없다고 느끼는 집단이 있다면? 어떻게 용서하고 화해할 수 있을지 서로 이야기해 보자.

6. 용서에 대한 말씀을 함께 읽고 묵상하자. 용서와 관련된 찬송을 함께 부르자. 이제 내 마음속, 우리 마음속에 떠올리기에 가장 불편한 사람, 집단, 민족, 나라를 떠올리고 그들을 위한 축복의 간구를 드리자. 하나님께서 그들을 사랑하시는 마음을 내게도, 우리에게도 주시도록 간절히 기도하며 간구하자.

7. 가정 안에, 교회 안에, 학교나 직장 안에, 사회 안에, 나라와 나라 사이에, 민족과 민족 사이에 화평이 이루어지기를 간절히 간구하며 함께 기도하자.

우리를
시험에
들게 하지
마시옵고

우리를 시험에 들게 하지 마시옵고

하늘에 계신 우리 아버지의 이름이 거룩히 여김을 받으시게 하려면 어떻게 해야 하는가? 이 땅에서 그 이름을 짊어진 교회인 우리가 시험에 들지 말아야 한다. 하나님의 통치가 이 땅에서 더욱 편만하려면 어떻게 간구하고 어떻게 살아야 하는가? 그 통치의 실재를 보여 주어야 할 우리가 시험에 들지 말아야 한다. 하나님의 뜻이 하늘에서 이루어진 것과 같이 이 땅, 지금 여기에서도 이루어지려면 어떻게 해야 하는가? 시험에 들지 말아야 한다.

예수님의 시험,
우리의 시험

:

시험에 든다는 것은 무엇인가? 유혹에 지는 것이다. 예수님은 하나님의 이름을 위하여, 그분의 나라가 임하게 하시기 위하여, 그리고 하나님의 뜻을 성취하시기 위하여 광야에서 시험을 받으셨다 마 4:1-11. 지금 주기도문을 통해 우리에게 가르치시는 것처럼, 주님도 떡의 시험을 받으셨다. 돌로 떡을 만드는 데 자신의 믿음과 능력을 사용하라는 유혹을 받으셨다. 하지만 그 유혹에 마음을 허락하지 않으셨다. 성전 꼭대기에 올라가 자신을 증명하라는 시험을 받으셨지만, 하나님을 신뢰하심으로 유혹을 이기셨다. 그리고 마지막으로, 마귀가 거짓으로 마치 세상 모든 영광이 자기에게 속한 것처럼 보여 주며 유혹했을 때, 이에 마음을 빼앗기지 않으시고 오직 하나님만 전심으로 섬길 것을 결정하셨다.

이처럼 주님께서 그의 공생애를 통해 십자가를 지시고 부활하시기까지 승리하신 것은, 홀로 광야에서 그 세 가지 시험들에 맞서 승리하셨기 때문이다.

지금도 마찬가지이다. 삶의 현장 한복판에서 하나님

의 이름을 높이고자 하는 성도, 하나님의 통치를 가져오고자 애쓰는 성도, 하나님의 뜻을 이루고자 원하는 성도는 누구나 먼저 그의 골방에서, 그의 마음과 생각의 깊고 은밀한 곳에서부터 이 세 가지 시험에 모두 승리해야 한다. 참된 양식은 주의 뜻을 행하는 것이며 이를 위해서는 일용할 양식이 필요할 뿐이라는 것, 그리고 사람이 떡으로만이 아니라 하나님의 입으로 나오는 말씀으로 산다는 사실로 승리해야 한다. 그는 마음속으로부터 이미 하나님만을 신뢰하며 사람들 앞에서 자기를 증명하는 것이 삶의 동기이며 목적이 아니라는 사실에 완전히 순복해야 한다. 또한 세상의 헛된 명예와 쾌락 및 허무한 영광이 목적이 아니라, 오직 하나님만을 섬기며 그분의 영광을 즐거워하는 것으로 기쁨을 삼겠다는 결단에서 흔들리지 말고 지속적으로 성장해 나가야 한다.

그러므로 "우리를 시험에 들게 하지 마시옵고"라는 이 간구는, 주님께서 이미 광야에서 우리와 같이 경험하시면서 결정적으로 이루신 그 승리를 바탕으로 가르치

> 참된 양식은 주의 뜻을 행하는 것이며 이를 위해서는 일용할 양식이 필요할 뿐이라는 것, 그리고 사람이 떡으로만이 아니라 하나님의 입으로 나오는 말씀으로 산다는 사실로 승리해야 한다.

신 기도이다. 그래서 우리는 예수 그리스도 안에서 얼마든지 시험에 승리할 수 있다. 시험에 들면 주님의 뜻을 행할 수 없다. 그것이 가장 치명적이다. 낭패이다. 삼손이 시험에 든 후에, 그가 하나님과 그의 백성을 위해 할 수 있었던 일이 무엇이었던가? 그 자신만 시험에 들어 패망에 이른 것이 아니라, 그를 통해 건짐을 받아야 할 백성들과 그를 통해 다시 하나님을 모르는 이방인들 가운데서 거룩히 여김을 받으셔야 할 하나님의 이름이 그저 더럽혀진 채로 있게 되는 것이다. 성도가 시험에 드는 대가는 그래서 더욱 뼈아프고 치명적이다.

세속의 불길에 휩싸인 교회

:

오늘날 우리의 기도는 '예수 믿고 복 받게 해 달라'는 경우가 가장 많다. '잘살아 보세'가 70년대 이후 국가 이념이었듯이, 교회도 그 시절부터 지금껏 '예수 믿으면 잘살게 된다'는 세속적인 복음을 물건 팔 듯 팔아 온 것이다. 물론 예수 믿으면 잘되지 않을 수 없다. 예수 믿고 복 받지 '않기가'

불가능할 정도다. 그래서 예수 믿고 복 받는 것은, 복음의 본질도 되지 못한다.

예수 믿고 예수를 받는 것이 복음이다. 예수와 연합하여, 그분과 함께 '썩어지고 더럽고 허무한 세상'에 대하여 죽고 하나님의 은혜와 진리, 영원한 생명의 통치 아래 들어가는 것, 그것이 복음이다. 예수 그리스도와 연합하여, 그분과 함께 부활 생명을 지금도 누리며 장차 몸의 부활까지 받을 소망으로 사는 것, 그것이 복음이다. 지금도 하늘 보좌 우편에 앉아 다스리시는 그분과 연합하여, 날마다 속사람이 그분의 형상대로 변화해 가는 것, 그것보다 더 큰 복은 없다. 그렇게 그 아들의 형상으로 온전히 변화한 우리 자신이 장차 새 하늘과 새 땅에서 영원히 다스리는 상속자들이 된 것, 그것이 복음이다.

그러므로 세상의 유혹에 마음을 넘겨주는 일은 어리석다. 예수 믿고 복을 받아 더욱 세속적인 사람이 되는 일은 기이할 만큼 불행하다. 여기가 함정이다. 이스라엘의 역사가 그러했다. 하나님의 놀라운 구원을 받았고, 그분의 전능하신 은혜와 보호하심의 기적들을 체험했으며, 젖과 꿀이 흐르는 땅에 들어갔지만, 거기서 망했다. 그분의 이름, 그분의 나라, 그분의 뜻 곧 그분의 말씀을 버렸기 때문이다.

교회의 역사도 마찬가지이다. 서구의 교회들을 보라. 예수 믿고 잘살게 되어 망한 경우이다. 개인의 역사도 그럴 수 있다. 이 땅의 교회들도 같은 길을 갈 수 있다. 아니, 이미 가고 있다. 세속의 유혹과 시험은 그만큼 강렬하다. 하나님의 거룩한 교회라도 집어삼킬 기세이다. 주변을 보라. 이 시대를 보라. 우리는 얼마나 자주 한때 위대한 하나님의 사람이었던 인물들이 결국 세속의 덫에 걸려 하루아침에 발목이 잘리고 손이 묶인 채 적군에게 끌려가 머리를 조아렸다는 소식을 듣게 되는가! 영적 전쟁에 참패하여, 도처에 쓰러진 아군의 시신屍身이 널려 있다. 이미 거짓과 부패, 탐욕과 분쟁에 휘말려 적군에게 점령당한 교회도 많다.

이제는 부패한 교회와 목회자에게 실망한 채, 진실하고 깨끗한 생명의 말씀과 예수님을 따르는 삶을 사는 교회를 찾기 어려워 이리저리 방황하는, 소위 '가나안' 성도들, 즉 교회에 '안 나가'는 신자들이 점점 더 늘고 있다. 실로, 오늘날 세속의 유혹과 시험은 무서운 불길로 교회를 향해 달려들고 있다. 세속의 불길에 휩싸인 채 온몸이 타들어 가는 교회가 어떻게 이 땅에서 빛이 되며 소금이 되겠는가? 어떻게 하나님의 이름이 거룩히 여김을 받게 하며, 그분의 통치를 증언하며, 그분의 뜻을 이룰 수 있겠는가? '시험에 들게 하지 마시옵고'라는 기도는 그래서 지금 우리에게 그 어느 것보다 간절하고 절박한 기도이다.

시험의 재구성, 그리고 은혜

:

유혹과 시험의 본질은, 하나님을 향한 우리의 순전한 마음, 전심 全心을 쪼개어 나누고 그 안에 '다른 사랑'을 심는 것이다. 반쪽으로는 여전히 하나님을 생각하지만, 다른 반쪽으로는 세상과 그 안에 있는 것들을 사랑하기로 하는 것이다. 유혹을 받을 수도 있다. 그러나 시험에 들었다는 것은 그 유혹을 자신이 받아들임으로 시작된다. 그러므로 시험에 들지 않기 위해서는 하나님의 은혜와 분별력과 지혜, 그리고 인내가 필요하다. 간절한 간구가 필요하며, 하나님의 도우심이 필요하다. 일의 결국을 보는 지혜가 요구된다. 하나님께 붙어 있는 기쁨과 인내의 삶이 요구된다. 시험에 관한 야고보서의 유명한 구절을 읽어 보자.

> 오직 각 사람이 시험을 받는 것은 자기 욕심에 끌려 미혹됨이니, 욕심이 잉태한즉 죄를 낳고 죄가 장성한즉 사망을 낳느니라.
> _약 1:14-15

우리는 하나님께 시험에 들지 않게 해 달라고 기도하며, 하나님은 우리가 시험에 들지 않기를 원하신다. 흔히 하는 "이게 다 하나님이 시험하시는 거야"라는 말은 틀린 말이다. 그렇게 말하지 말아야 한다. 하나님은 아무도 친히 시험하지 않으신다. 시험에 빠진 사람이 하나님을 시험의 원인으로 돌리고 하나님을 비난하기 시작하면 어리석음에 빠진다. 그 시험에 들게 한 자신의 잘못된 욕심을 보지 못하는 어둠에 갇힌다.

하나님은 시험의 원인이 아니다. 하나님은 우리가 시험에 들지 않기를 원하신다. 하지만 우리는 잘못된 욕심에 휘둘린다. 처음에는 욕심에 '끌린다.' 물고기가 미끼에 끌려 머뭇거리듯 유혹을 받는다. 끌리는 것은 아직 시험에 든 것은 아니다. 정욕 그 자체가 나쁜 것은 아니다. 정욕은 차라리 인간 조건이다. 식욕, 성욕, 명예욕, 사랑하고 싶고 사랑받고 싶은 욕구, 인정받고 싶은 욕구는 인간에게 자연스럽다.

8. 우리를 시험에 들게 하지 마시옵고

문제는 잘못된 대상을, 잘못된 방식으로, 잘못된 목적을 위해 욕구하는 것이다. 처음에는 단순히 끌리지만, 그다음에는 '미혹'된다. 단순히 끌리는 것이 아니라, 그 유혹의 맛을 보는 것이다. 그래서 거기에 걸린다. 물고기가 미끼를 건드리다가 바늘에 입이 꿰이는 모양새이다. 하지만 지금이라도 몸부림치면 도망칠 수 있다. 어떤 물고기는 입술이 찢긴 채로 도망간다. 저항하기 때문이다. 하지만 죄는 다음 단계에서 성립한다. 즉, '욕심이 잉태'하는 것이다. 여기서 '잉태'한다는 표현은 '함께 끌어안는 것'이다. 처음에는 저항하지만 이내 항복한다. 그리고 이제는 의지를 사용하여 내 편에서 적극적으로 끌어안는다. 여기서 죄가 성립한다. 비록 유혹을 당하지만, 죄는 유혹을 당하는 인격적 존재의 동의同意 없이는 이루어지지 않는다. 그래서 죄에 대한 책임은 인격적 선택을 해 버린 나 자신의 것이 된다.

> 흔히 하는 "이게 다 하나님이 시험하시는 거야"라는 말은 틀린 말이다. 그렇게 말하지 말아야 한다. 하나님은 아무도 친히 시험하지 않으신다.

하지만 아직도 돌이킬 수 있다. 하나님은 은혜로우시다. 죄를 뉘우치고 돌이키면 되기 때문이다. 사람이 유혹을 받아 미혹되고 죄를 품기로 한 후에도, 아직 은혜의 길, 돌이켜 회개할 길은 열려 있다. 그 은혜를 만홀히 여겨 계속 그 죄가 자라도록 그저 두는 것, 그것이 사망에 이르는 치명적인 어리석음이 된다. 죄인 줄 알면서도 나오지 못하는 것이다. 그래서 죽을 자리에 이르게 된다. 죄가 어떤 생명체처럼 '태어나고' 또한 '장성하여' 사망에 이른다는 것은 역설적인 표현이다. 속이는 모양새이다. 죄가 속이고, 죄에 속기 때문이다. 죄가 생명을 주는 줄 알고 그 생각과 유혹에 넘어가는 것이다. 잘못된 탐욕이나 쾌락이나 헛된 영광 모두가 사람을 그렇게 속인다. 생명을 줄 것처럼 화려하고 아름다움을 가장하기 때문이다.

> 시험에 들지 않도록 간구해야 한다. 하나님께서 지혜를 주셔서 분별력을 갖추어야 한다. 죄가 우리를 속여서 생명인 것처럼 여겨지지 않도록, 진리의 말씀에 착념해야 한다. 무엇보다 시험을 이기는 길은, 기도함으로 도우심을 구하고 지혜를 구하는 것이다.

그래서 시험에 들지 않도록 간구해야 한다. 하나님께서 지혜를 주셔서 분별력을 갖추어야 한다. 죄가 우리를 속여서 죄를 생명인 것처럼 여기게 하지 않도록, 진리의 말씀에 착념해야 한다. 무엇보다 시험을 이기는 길은, 기도함으로 도우심을 구하고 지혜를 구하는 것이다. 속지 않기 위해서이다. 죄의 끝은 사망임을 두려움으로 깨닫기 위해서이다. 말씀의 끝은 생명임을 알고 기뻐하며 인내하기 위해서이다. 그러므로 돌이켜야 한다. 어느 단계에 있든지, 사망의 길에서 돌이켜 주께로 향해야 한다. 무엇보다 시험에 들지 않도록 간구하며, 자신의 마음과 생각을 지켜야 한다. 생명의 근원이 마음에서 나기 때문이다.

> 모든 지킬 만한 것 중에 더욱 네 마음을 지키라. 생명의 근원이 이에서 남이니라. _잠 4:23

'나뉜 마음'의 문제

:

결국 세상과 그 세상 속에 있는 것들 때문에 유혹을 받고, 하나님 아버지의 사랑을 떠나는 것은, 마음이 나뉘었기 때문이다. 우리가 "하늘에 계신 우리 아버지여"라고 부르고, 그분의 이름과 그분의 나라와 뜻을 구하는 것은 전심全心으로 하는 것이다. 나뉘지 않은 마음으로, 전심으로 그분을 온 마음을 다해 사랑한다는 표현이다. 하나님을 향한 전심이 아니라면, 그 마음은 깨끗한 마음이 아니다. 마음이 청결한 자는 복이 있는바, 그는 하나님을 대면한다.

하지만 마음이 더러워지면 하나님을 바라볼 수 없다. 마음이 더러워진다는 것은 마음이 둘로 나뉨을 뜻한다. 누구나 세상 유혹을 받는다. 끌리기도 한다. 돈에 끌리기도 하고 쾌락에 끌리기도 하고 헛된 자랑과 명예에 끌리기도 한다. 하지만 하나님의 말씀이 가르치는 바를 외면하면서까지, 마음에서 하나님께 등을 돌리면서까지 그것들을 '사랑하기로' 마음먹을 때 우리는 시험에 든다. 마음이 나뉘는 것이다. 그 이후로는 혼돈에 빠진다. 갈등하게 된다. 무슨 일에든 '정'定함이 없이 흔들린다.

> 이런 사람은 무엇이든지 주께 얻기를 생각하지 말라. 두 마음을 품어 모든 일에 정함이 없는 자로다. _약 1:7-8

하나님은 우리를 전심으로 사랑하신다. 거짓 없이 온 마음을 아끼지 않고 사랑하신다. 사랑은 상호적이다. 우리도 하나님을 거짓 없이 온 마음으로 아낌없이 사랑해야 한다. 그런 심령 속에 하나님 나라의 열매가 맺힌다. 그런 교회를 통해 하나님의 이름이 거룩히 여김을 받는다. 그런 성도를 통해 하나님의 뜻이 이루어진다. '나뉜 마음'이 시험의 뿌리이다. 하나님을 전심으로 사랑하면, 우리 안의 다른 사랑들이 모두 제자리를 찾아 조화를 이룬다.

하지만 하나님을 향한 마음이 세상과 더불어 나뉘어 버리면, 다른 사랑이 하나님을 사랑하는 자리를 차지하고 대치하기 시작한다. 그리고 그 다른 사랑의 열매를 맺게 된다. 세상은 본질상 '썩어지고 더럽고 허무'하므로, 죽음과 죄와 허무의 열매를 맺게 된다. 그러므로 성도는, '나뉜 마음'으로는 결단코 세상을 이길 수 없다. 세상에서 하나님의 뜻을 이룰 수도 없다. 하나님과 세상을 동시에 사랑할 수는 없기 때문이다.

> 이 세상이나 세상에 있는 것들을 사랑하지 말라. 누구든지 세상을 사랑하면 아버지의 사랑이 그 안에 있지 아니하니 이는 세상에 있는 모든 것이 육신의 정욕과 안목의 정욕과 이생의 자랑이니 다 아버지께로부터 온 것이 아니요 세상으로부터 온 것이라.
> _요일 2:15-16

여기서 '세상'은 하나님을 떠난 세상이다. 창조주 하나님, 생명의 근원이신 하나님을 떠났으니 죽음 아래 갇힌 세상이다. 거룩하신 하나님을 떠났으니 죄 아래 갇힌 세상이다. 영원하신 하나님을 떠났으니 허무함에 종노릇하는 세상이다. 성도는 하나님께 속해 있다. 세상에 속해 있지 않다. 세상에 있지만, 땅에 있지만, 하늘에 속해 있다. 지금 여기에 있지만, 영원한 나라에 속해 있다. 그러니 세상을 사랑하여 세상과 하나가 될 수 없다. 교회의 오래된 병病은, 하나님도 사랑하고 세상도 사랑하려 드는 것이다. 그래서 시험에 들고, 하나님의 이름을 더럽히며, 그래서 그 나라의 걸림돌이 되고, 하늘에서 이루어진 뜻을 땅에서 이루어 내지 못한다.

그러면서 한편으로는, 여전히 하나님을 사랑하기 때문에 그것을 시험이라고 생각지 않는다. 하나님을 사랑하지 않는 것이 아니기 때문이다. 문제는 동시에 세상도 사랑하는 일이다. '나뉜 마음'은, 이 땅을 순례하며 하나님 나라를 맛보고 또 대망하는 지상의 교회를 병들게 하는 오래된 원수이다.

> 사무엘이 이스라엘 온 족속에게 말하여 이르되 만일 너희가 전심으로 여호와께 돌아오려거든 이방 신들과 아스다롯을 너희 중에서 제거하고 너희 마음을 여호와께로 향하여 그만을 섬기라. 그리하면 너희를 블레셋 사람의 손에서 건져내시리라. _삼상 7:3

8. 우리를 시험에 들게 하지 마시옵고

"너희 마음을 여호와께로 향하여 그만을 섬기라." 얼마나 아름답고 강력한 말씀인가! 오늘날 교회가 들어야 할 말씀이다. 여기에 치유의 길이 있다. 여기에 회복의 길이 있다. "너희를 블레셋 사람의 손에서 건져내시리라." 약속의 말씀이다. 세상의 조롱을 받는 교회를 벗어 버릴 기회가 있다. 전심으로 그분에게로 돌아가 그분만 섬기는 것이다. 그러면 교회가 짊어진 하나님의 거룩한 이름도 회복될 것이다. 하나님께서 자신의 거룩한 이름을 위하여 교회의 영광을 되돌려 주실 것이다. 간절히 주님께 기도한다. "우리를 시험에 들게 하지 마시옵소서." 시험에서 건져 주옵소서. 나뉜 마음을 치유하여 주옵소서. 전심으로 주께 돌아가게 하옵소서.

놀랍게도 오늘날 그리스도인들은 '나뉜 마음'으로 사는 일에 익숙해져 있다. 복음을 그렇게 배웠기 때문이다. 예수 믿고 하나님의 나라를 꿈꾸는 것이 아니라, 세상을 얻는 것을 복음이라고 가르쳤기 때문이다. 예수 믿고 세상 사람들처럼, 아니 그보다 잘살게 되는 것을 복음이라고 한 결과이다. 그래서 성도의 심령에 세상이 아예 진陣을 치고 있다. 복음을 통해 바라고 얻고자 한 것이 세상이었기 때문이다.

교회 안에는 이미 너무 많은 탐욕과 더러움, 헛된 자랑과 다툼이 진을 치고 있다. 거기에 시기와 분쟁, 다툼과 분열, 고소와 비방, 살인과 수치의 거품이 가득 찬다. 하나님의 이름은 그것을 짊어진 교회가 더럽혀짐으로 땅에 떨어진다. 복음을 더럽히면, 더럽혀진 복음은 교회를 더럽히고, 교회는 자신이 짊어진 하나님의 거룩한 이름을 더럽힌다.

> 이 복음, '진리의 말씀'은 신자의 거듭난 심령에 이미 심겨 있다. 하나님께서 우리를 '진리의 말씀'으로 낳으셨기 때문이다 약 1:18, 21. 그 진리의 말씀이 우리 심령을 붙들고 있다. 이것이 기쁜 소식이다. 치유의 시작이다.

그래서 주기도문은 삶으로 드려야 한다. 예수 믿고 복을 받는 것이 복음이 아니라, 예수 믿고 예수를 받는 것이 복음이다. 예수 믿고 예수님 안에서 하나님 나라를 받고 누리고 다스리고 섬기며, 그 나라의 완성을 대망하는 '살아 있는 소망'을 누리며 사는 것, 그것이 복음이다. 할렐루야!

그리고 이 복음, '진리의 말씀'은 신자의 거듭난 심령에 이미 심겨 있다. 하나님께서 우리를 '진리의 말씀'으로 낳으셨기 때문이다 약 1:18, 21. 그 진리의 말씀이 우리 심령을 붙들고 있다. 이것이 기쁜 소식이다. 치유의 시작이다. 왜 그러한가? 세상은 썩어지고 더럽고 허무한 데 굴복하지만, 말씀은 '썩지 아니하는 씨'이며, 우리의 영혼을 깨끗하게 하고,

풀은 마르고 꽃은 시드나 말씀은 '살아 있고 영영히 서는', 세상을 이기는 말씀이기 때문이다 벧전 1:22-25.

> 이 세상도, 그 정욕도 지나가되 오직 하나님의 뜻을 행하는 자는 영원히 거하느니라. _요일 2:17

예수 그리스도의 복음, 그 십자가의 사랑과 부활하신 예수 그리스도의 생명이 바로 거듭난 우리의 영적 생명이다. 그것을 멸할 자가 없다. 아무것도 그리스도의 사랑에서 우리를 끊을 수 없기 때문이다. 하나님의 은혜를 기억해야 한다. 하나님은 시기하시기까지 우리를 사랑하신다. 우리가 세상을 향해 달려나갔을 때조차, 그분은 한 번도 우리를 사랑하기를 그만두신 적이 없다. 뒤돌아서서 달려가는 이의 등에도 강렬하고 뜨겁게 비추는 햇살처럼, 우리가 돌아서기만 하면 그분의 얼굴의 영광스럽고 따뜻하고 거룩한 빛이 우리를 뒤덮을 것이다. 그 안에 거하며 치유받고 회복될 수 있다.

주여, 우리를 시험에 들게 하지 마시옵소서.
주여, 우리를 시험에서 건져 주시옵소서.

삶으로 드리는 주기도문

> 더 깊은 묵상과 나눔을 위하여

"우리를 시험에 들게 하지 마시옵고"

1. 본문을 읽고, 시험에 대하여 새롭게 깨닫게 된 내용을 두세 가지 정리하여 서로 나누어 보자.

2. 예수님께서 광야에서 승리하신 세 가지 시험 중에, 자신에게 해당되는 것을 택해 보라. 그 영역에서 나는 어떤 유혹을 받으며 어떤 시험을 당하고 있는가? 함께 나누어 보자.

3. 세상에 살면서 내가 가장 많이 유혹받는 부분은 어떤 것인가? 진솔하게 나누어 보자.

4. 한국 교회가 가장 많이 유혹받고, 가장 많이 시험에 드는 경우는 어떤 것인가? 함께 사랑 가운데서 진리를 말하는 마음으로 서로 나누어 보자.

5. 나는 하나님께서 우리를 사랑하시는 것처럼 '전심으로' 하나님을 사랑하는가? 그렇지 못하다면, 그 사랑을 가로막는

가장 큰 장애물은 무엇인가? 진지하게 생각해 보고 함께 나누어 보자.

6. 하나님을 사랑하는 찬양을 전심으로 함께 부르자. 나의 마음이 어디에서 어떻게 나뉘었는지 분명히 깨달을 수 있도록 겸손히 간구하자. 광야에서 세 가지 시험을 모두 이기신 예수 그리스도의 승리가 나의 것, 우리의 것임을 확신하며, 진실로 그렇게 되도록 간절히 간구하며 함께 기도하자.

다만
악에서
구하시옵소서

9

다만 악에서 구하시옵소서

이제 간구로서는 마지막이다. 하나님의 이름, 나라, 뜻에 대하여 구한 후에, 그런 간구들을 이루어 내기 위해 우리에게 필요한 먹을 것, 인간관계 그리고 세상에 대한 간구를 마치면서, 이제 마지막 하나의 간구를 남겨 놓았다. 그것은 '악' 혹은 '악한 자' 마귀에 관련된 것이다.

    우선, 마귀에 대한 간구가 맨 마지막에 놓인 것에 주목할 필요가 있다. 교회가 악한 영과 마귀에 대한 것들을 그들의 관심과 간구 제목의 맨 첫 번째에 두는 것은 건강한 일이 아님을 알 수 있기 때문이다. 악이나 악한 자 마귀가 우리의 첫 번째 관심사일 수 없다. 하나님이 교회의 첫 번째 관심사여야 한다. 주기도문은 그런 우선순위에 대해 일러 준다. 건강한 성도, 건강한 교회는, 먼저 하나님께서 이 모든 것을 통치하시며 다스리신다는 확신 속에서 살아간다.

그래서 성도는 말씀에 착념해야 한다. 말씀이 없으면, 무슨 계시나 예언에 쉽게 휘둘린다. 말씀이 없으면, 기도 많이 한다는 카리스마 있는 목사가 와서 일단 헌금 많이 내면 당신 문제 다 해결해 준다는 말이 하나님의 음성처럼 들린다. 말씀이 없으면, 기도 많이 한다는 사모가 와서 너는 직장 그만두고 신학교 가라고 하거나 혹은 신학교 그만두고 헌신 봉사하라고 하면, 그게 곧 하늘의 계시처럼 들린다.

말씀이 없으면, 당신은 참된 권위를 발견하지 못한다. 말씀이 없으면, 당신이 충성되고 헌신되고 기도와 봉사에 열심이고 사랑이 많고 책임감이 강할수록 더욱더 시험에 든다. 말씀이 없으면, 종일 기도하고 분주히 뛰어도 시험에 시험을 더할 뿐이다. 기도해야 한다. 마땅한 권위를 존중해야 한다. 하지만 말씀이 없으면, 진리에 견고하게 서지 못하면, 당신은 영원히 어린아이처럼 갈대처럼 사이비 영성에, 세상 풍조에, 거짓 가르침에, 부패한 생각에, 일확천금 같은 요행수를 은혜로 여기는 어리석음에 휘둘리고 또 휘둘린다.

그러므로 시험을 당하거든 무엇보다 지혜를 구하라고

했다. 하늘로부터 오는 지혜는 첫째 순결하다. 속임이 없다. 성결하다. 선하고 의롭고 평강과 긍휼이 가득하다. 헛된 영성에 속지 말라. 말씀에 없다면 그것은 성령의 역사가 아니다. 거짓 영도 능력을 행한다. 능력에 속지 말라. 말씀으로 분별하라. 오직 말씀에 견고하게 서라. 말씀에 물으라. 성경에 물으라. 기록된 말씀이 하나님의 뜻이다. 기도와 열심의 사람이기도 해야 하지만, 무엇보다 말씀에 뿌리내린 참된 지혜를 가진 진리의 사람이 되어야 한다.

> 하늘로부터 오는 지혜는 첫째 순결하다. 속임이 없다. 성결하다. 선하고 의롭고 평강과 긍휼이 가득하다. 헛된 영성에 속지 말라. 말씀에 없다면 그것은 성령의 역사가 아니다.

> 그는 시냇가에 심은 나무가 철을 따라 열매를 맺으며 그 잎사귀가 마르지 아니함 같으니 그가 하는 모든 일이 다 형통하리로다. _시 1:3

악(惡),
악한 자
:

또한 주기도문의 순서는, 우리가 하늘에 계신 우리 아버지 하나님의 이름과 나라 그리고 그분의 뜻을 구하고자 한다면, 또한 이 땅에서 부딪히는 먹을 것, 인간관계, 세상을 다루어야 함을 가르친다. 그리고 하나님의 뜻을 구하며 이 세상에서 '하나님 중심의 단순한 삶'을 산다는 것은 결국, 그 배후에 있는 '악 evil' 혹은 '악한 자 마귀 Devil'를 대적함을 뜻한다. 성경은, 성도가 유혹과 시험 속에서 결국 이 세상의 중심에 똬리를 틀고 앉은 '악'을 대면하며, 우리를 유혹하고 미혹하는 마귀를 대적하게 됨을 가르친다. 기독교는 그런 점에서 '악'과의 전쟁이다.

악은 무엇인가? 악은 구원의 가능성이 없을 만큼 부패한 무엇이다. 사실 악도 악한 자 마귀도, 모두 피조물로서 창조주 하나님의 주권과 통치 아래 있다. 창조주 하나님께서 지으신 모든 것은 원래 선하다. 그런데 사람이 말씀을 버리고 그 진리와 거룩함과 생명의 통치를 거절하였으므로, 이로 인해 세상에 죄와 죽음이 들어왔다. 그리고 그 선한 것들이 부패하기 시작한 것이다. 마치 빵에 곰팡이가 슬기 시작해서 나중에는 전혀 먹을 만한 것이 남아 있지 않은 상태가 된 것과 같다. 또한 건강한 몸에 들어온 암癌세포와도 같다. 생명은 도리어 죽이는 힘으로 변질되었고, 좋은 것들은 모두 썩어 쓸모없는 것이 되었다.

그러므로 심판 때에 악은 완전히 소멸되고 마귀는 영원한 불에 던져질 것이다. 복음은 하나님께서 예수 그리스도를 통하여, 그분의 백성과 이 창조세계를 악과 악한 자 마귀에게서 놓여나게 하고 분리시킨 것이다. 장차 주께서 다시 오시면, 그분의 백성과 새 하늘과 새 땅은 악과 악한 자 마귀에게서 영원히 분리되어 거룩함에 거할 것이다.

이 세상의 어떤 사람도 그 자체로는 '악'일 수 없다. 사람은 하나님 앞에서 심판대 앞에 서야 하는 책임이 있는 존재이며, 동시에 끝까지 구원의 대상이고 사랑의 대상이다. 또한 어떤 민족, 어떤 국가도 그 자체로 '악'일 수 없는 것도 마찬가지이다. '악'은 우리 속에도 자리 잡고 있기 때문이다. 세상 한복판에 서 있어도 하나님의 임재 가운데 경건할 수 있고, 교회 한가운데 앉아 있어도 세속적일 수 있는 것처럼, 악한 자들을 미워하는 우리 속에서도 얼마든지 '악'을 발견할 수 있다. 그러므로 분별이 필요하다. 스스로 속지 말아야 하고, 남도 속이지 말아야 한다.

삶으로 드리는 주기도문

하나님의 승리,
복음의 승리

:

교회는 타 종교와 전쟁을 하는 것이 아니다. 국가와 전쟁을 하는 것도, 특정한 민족과 대적하는 것도 있을 수 없다. 하나님의 교회는 우리 모두에게 깊이 뿌리내리고 편만한 '악'을 대적하여 싸우는 사람들이다. 그 배후에 있는 보이지 않는 영적 권세들과 마귀를 대적하여 싸우는 자들이다. 물론 우리 힘으로 하지 못한다. 하나님께서는 이미 그분의 통치에 반역하는 영적 권세들을 제압하시고, 마귀를 멸하셨다. 그것이 하나님의 승리이고, 예수 그리스도의 복음을 통한 하나님 나라의 승리이다. 성도는 예수 그리스도와 연합하여, 그리스도 안에서 하나님의 승리를 누린다.

> 자녀들은 혈과 육에 속하였으매 그도 또한 같은 모양으로 혈과 육을 함께 지니심은 죽음을 통하여 죽음의 세력을 잡은 자 곧 마귀를 멸하시며, 또 죽기를 무서워하므로 한평생 매여 종노릇 하는 모든 자들을 놓아주려 하심이니. _히 2:14-15

그러므로 "다만 악에서 구하시옵소서"라는 기도는, 구할지 어떨지 잘 모르는 상태에서 드리는 간구가 아니다. 이미 악에 대하여 승리하신 주님의 그 승리 안에 끝까지 머물게 해 달라는 간구이다. 주께서 다시 오실 때, 악도, 세상의 공중 권세 잡은 자 마귀도 멸하실 것이다. 그때까지 인내하며 하나님께 속하고, 악을 악으로 대함으로 악에 휘말려 마귀의 궤계에 빠지는 일 없이 그리스도의 승리 안에 머물게 해 달라는 간구이다. 그때에 주님이 오셔서 우리를 악에서, 마귀의 손아귀에서 구원하신 그 승리가 '온전히 이루어지게 하옵소서'라는 기도이다.

그리스도께서 이미 십자가에서 승리하셨다. 십자가에서 하나님께 순종하심으로써, 그분이 세상을 유업으로 받을 참아들이심을 증명하고 선포하셨다. 마귀가 세상을 가질 수 없다. 그는 불순종의 영이기 때문이다. 그는 하나님을 사랑할 수도, 하나님의 말씀에 순복할 수도 없다. 그러므로 세상을 다스릴 수 없다. 주님은 세상을 하나님의 말씀으로 통치하신다. 지혜로 통치하신다. 하나님의 영으로 다스리신다. 하나님 나라의 은혜와 진리로 통치하신다. 악으로 악을 이길 수는 없다. 기독교는 '악'과 전쟁하는 종교이다. 윤리가 아니며, 교육도, 정치도 아니다. 경제로 푸는 것도 아니다.

오직 악을 대하여 승리하신 예수 그리스도의 십자가와 부활, 하나님 나라의 복음으로 승리한다. 악을 악으로 갚으면, 악이 더욱 창궐한다. 악을 정의나 법으로 다스리면 악을 제한할 수는 있다. 하지만 악이 소멸되지는 않는다. 악은 어둠이므로 빛이 올 때 소멸한다. 하나님이 빛이시다. 그 빛 안에는 진리와 사랑이 있다. 거룩함과 은혜가 있다. 은혜와 진리가 가득하고, 하나님의 영광의 빛이 가득하다. 빛이 오면 어둠과 어둠 속에 피어난 부패한 곰팡이들과 숨어 있던 더러운 쥐들이 모두 쫓겨난다. 할렐루야!

> 악을 악으로 갚으면, 악이 더욱 창궐한다. 악을 정의나 법으로 다스리면 악을 제한할 수는 있다. 하지만 악이 소멸되지는 않는다. 악은 어둠이므로 빛이 올 때 소멸한다.

그러므로 진리의 복음은 곧 악을 대적하는 교회의 날선 칼이요 가공할 포탄이다. 은혜와 진리의 말씀이 악을 굴복시키는 강력이다. 십자가가 강력이다. 그리스도의 십자가로 인해, 마귀는 자신의 모든 어둠을 만천하에 드러냈다. 하나님의 아들이라도 죽여 없애려는 불의와 하나님을 향한 적개심이 그대로 빛 가운데 드러났다. 그가 죽음으로 몰아넣은 하나님의 아들 예수 그리스도를, 주권자요 심판주이신 하나님 아버지께서 사흘 만에 부활시키셨다. 이제 마귀는 그의 불의와 불법에 따른 형벌을 피하지 못한다.

> 그는 처음부터 살인한 자요, 진리가 그 속에 없으므로 진리에 서지 못하고, 거짓을 말할 때마다 제 것으로 말하나니, 이는 그가 거짓말쟁이요 거짓의 아비가 되었음이라. _요 8:44

'거듭난 심령의 회복된 양심'으로

악에서 건짐을 받는 길은 무엇일까? 우리는 기도하지만 또한 방법을 알아야 한다. 하나님의 뜻을 구하며 하루하루의 일상을 살아갈 때, 우리는 도처에서 악을 만난다. 단순한 성실함이나 친절함으로는 해결할 수 없는 악도 있다. 직장에서 까다롭고 사악하기까지 한 상사를 만난다. 가정에서 억지스럽고 폭력적인 배우자를 발견한다. 국가 권력의 불의하고 무책임한 경우를 경험한다. 권면하고 용서하고 참아도, 선을 선으로 응답하지 않는 악한 사람들을 만난다. 어찌해야 할까?

부패해서 회복될 것 같지 않은 악을 만날 때, 그곳이 우리의 가장 치열한 전쟁터이다. 때로 우리는 그런 회복이 불가능할 것 같은 악을 우리 자신 속에서도 발견한다. 사회생활 속에서도 발견한다. 세상 한복판, 교회 한복판에서도 발견한다. 주님께서 가르치신, '악에서 건짐을 받는' 방식은 그런 악을 피하는 것만은 아니다. 주님은 그 악을 정면으로 뚫고 지나가셨다. 우리가 이 세상을 지나가는 것은, 바로 이 일을 위하여 주님을 따르도록 부르심을 받았기 때문이다.

> 이를 위하여 너희가 부르심을 받았으니 그리스도도 너희를 위하여 고난을 받으사 너희에게 본을 끼쳐 그 자취를 따라오게 하려 하셨느니라. _벧전 2:21

> 악을 악으로, 욕을 욕으로 갚지 말고 도리어 복을 빌라. 이를 위하여 너희가 부르심을 받았으니 이는 복을 이어받게 하려 하심이라. _벧전 3:9

하늘에 속하고, 하나님 나라에 속한 교회가 이 땅에 남아 이 땅을 지나가는 이유는, 이 땅에서 세속적 복을 풍성히 누리기 위한 것이 아니다. 악을 정복하시고 악한 자를 멸하신 그리스도를 따라 걷기 위함이다. "이를 위하여 너희가 부르심을 받았으니." 일상 속에서 이 부르심을 따르는 길은, '선한 양심'을 좇는 길이다. 우리가 예수님을 믿을 때, 하나님은 우리의 심령을 거듭나게 하시고 영적 생명으로 다시 살리셨다. 기존에 있던 우리의 일반적인 양심良心도 더불어 회복되었다. 그러므로 우리는 세상 사람들이 가진 양심보다 더 선명하게 선을 분별하는 회복된 양심을 갖게 되었다. 성도가 되었다는 것은 별종의 종교인이 되었다는 의미가 아니다. 이제 더 사람다운 사람이 되었다는 뜻이다. 이제 진정으로 사람에게 주어진 양심이 치유받고 회복되어 빛 가운데 거하게 되었다는 뜻이다. 지극한 선을 더 잘 느끼고 이에 더 잘 반응할 수밖에 없는 사람이 되었다는 뜻이다.

일상 속의 제사장

:

원래 양심은 '하나님과 함께, 모든 사람과 함께' 의식하는 선한 마음이다. 이제 우리는 그리스도를 통해 하나님의 지극히 선한 것들을 의식하고 알게 되었다. 그러므로 우리는 악을 만났을 때 당연히 선을 행해야 한다. 세상 사람들이 상식이라고 생각하는 선을 당연히 행해야 한다. 종교적 특권으로 피하지 말아야 한다. 오히려 선을 행할 뿐 아니라 그 이상을 해야 한다. 그것이 주께서 십자가에서 보이신 은혜와 긍휼의 강력이다. 그것은 선을 행하고도 때로 고난을 받으며 참는 길이다. 억울한 고난을 받아도, 하나님을 생각함으로 기쁨으로 참고 견디는 긍휼이다. 옳은 자로서 틀린 자를 참아 내어, 그를 하나님 앞으로 인도하기까지 순복하는 사랑이다.

> 그리스도께서도 단번에 죄를 위하여 죽으사 의인으로서 불의한 자를 대신하셨으니 이는 우리를 하나님 앞으로 인도하려 하심이라. _벧전 3:18

그래서 우리는 이 땅에서 제사장이다 벧전 2:9. 우리가 만나는 모든 사람을 그들의 악에서 건져 내는 사명을 지녔다. 그들은 우리를 만나, 그리스도께서 의로운 자로서 불의한 자를 대신하신 것처럼, 우리를 통해 하나님 앞으로 인도함을 받는다. "다만 악에서 구하시옵소서." 교회 안에서가 아니라, 직장에서 우리에게 거칠고 까다롭게 하는 자들 앞에서, 가정에서 나의 믿음을 이해해 주지 못하고 괴롭히는 가족들 앞에서, 길거리에서, 동네 마트에서, 전철 속에서, 우리가 마주치는 모든 사람 앞에서 우리는 십자가의 길을 따름으로 그들을 하나님 앞으로 인도해 내는 제사장들이다.

믿지 않는 직장 상사이든 선배나 친구나 이웃이든 우리가 그들을 하나님께로 이끄는 제사장이 되려면 무엇보다 '경건의 거리 距離'를 유지해야 한다. 그리스도인으로서의 본분을 유지하며, 경건하고 정직하며, 그들의 죄에는 참여하지 말아야 한다. 그것은 때때로 조롱이나 어려움을 가져온다. 하지만 이런 선교적 '낯섦'이 필요하다. 구별되어야 한다. 낯설게 되는 것이 두려워 그리스도인의 정체성과 책임을 버리면, 그들에게 인정받을 것 같지만, 실은 버려지고 짓밟힌다. 맛을 잃은 소금이기 때문이다.

그러나 동시에, 세상 속의 제사장은 긍휼을 가져야 한다. 그래서 믿지 않는 이웃을 향한 '의리 義理'를 가져야 한다. 그들이 어려울 때, 고통당할 때, 부족함이 드러날 때, 외면

> 교회 안에서가 아니라, 직장에서 우리에게 거칠고 까다롭게 하는 자들 앞에서, 가정에서 나의 믿음을 이해해 주지 못하고 괴롭히는 가족들 앞에서, 길거리에서, 동네 마트에서, 전철 속에서, 우리가 마주치는 모든 사람 앞에서 우리는 십자가의 길을 따름으로 그들을 하나님 앞으로 인도해 내는 제사장들이다.

하지 말고 끝까지 품고 사랑해 주어야 한다. 그렇게 '거리와 의리'를 지킬 때 우리는 그들을 하나님께로 인도하는 효과적인 제사장이 된다. 그것이 '죄인들의 죄 없으신 친구'였던 예수님을 따르는 길이다

그것은 때때로 곤혹스러운 일이기도 하다. 하지만 우리는 구원받고 어디 먼 천당으로 도망갈 사람들이 아니다. 구원받았다는 것은 이제 이 땅에서 거듭난 심령의 회복된 '양심'으로 살면서 세상과 소통한다는 뜻이다. 일상 속의 제사장인 것이다. 하나님 나라를 가졌으니, 가난한 심령으로 그렇게 할 수 있다. 위로를 받을 것이니 애통할 수 있다. 배부르게 될 것이니 의에 주리고 목마를 수 있다.

이렇듯 성도는 세상의 악을 만나서, 그 악을 악으로 갚지 않을 뿐 아니라 하나님 나라의 진실하고 참된 진리와 더불어 넘치는 은혜와 긍휼을 증언하는 길을 간다. 세상 사람도 인정하는 마땅한 상식이나 선을 행할 뿐 아니라, 그 이상의 은혜와 긍휼을 드러내야 하는 길이다. 악을 피하는 것이 아니라, 악을 정복하는 십자가와 부활의 길이다. 거듭난 심령의 회복된 양심으로 세상과 소통하여, 세상 사람들을 십자가 앞으로, 하나님 앞으로 인도해 내는 길이다. 우리에게

주어진 길, 제사장의 길이다. 주께서 먼저 가셔서 하늘에 이르신 길이고, 하늘에 속한 우리가 따라가는 길이다.

주 앞에서 낮추라

:

성도를 유혹하고 시험에 들게 하는 그 배경에는 종종 마귀가 서 있다. 성경은 시험과 관련해서 마귀를 대적하라고 가르친다. 육신의 정욕 곧 잘못된 대상을 향해, 잘못된 방식으로, 잘못된 목적을 따라 발동하는 욕심 때문에 유혹에 빠지고 시험에 든다. 돈은 잘 쓰면 좋은 것이다. 식욕, 성욕, 명예욕도 주님을 위하여 주님의 뜻대로 주님이 정하신 질서 안에서 바르게 쓰면, 하나님 나라의 조화와 풍성함을 드러낸다. 하지만 하나님을 떠난 세상에서 우리의 정욕은 자주 어긋난 대상과 방식과 목적으로 표현된다. 하나님의 은혜가 없다면, 훈련이 없다면, 바로잡을 수 없을 만큼 비틀려 있다. 그리고 이런 비틀림과 왜곡, 속임수와 거짓 뒤에는 마귀가 서 있다. 시험을 당하는 자는 그래서 저 '악한 자' 마귀를 대적해야 한다.

> 그런즉 너희는 하나님께 복종할지어다. 마귀를 대적하라. 그리하면 너희를 피하리라. 하나님을 가까이하라. 그리하면 너희를 가까이하시리라.…주 앞에서 낮추라. 그리하면 주께서 너희를 높이시리라. _약 4:7-10

여기에 승리의 비밀이 있다. 대적한다는 것은 맞서서 굳게 선다는 뜻이다. 마귀를 대적하여 굳게 서는 방법은, 하나님 앞에서 납작 엎드려 자신을 낮추는 것이다. 내가 맞서고 있는 마귀 앞에서 돌이켜 내 뒤에 서 계신 전능하신 하나님 앞에서 내가 납작 엎드린다면, 결국 나를 상대하던 마귀는 내 뒤에 서 계신 하나님과 마주 서지 않겠는가! 어떻게 마귀가 하나님과 맞닥뜨리고도 피하지 않을 수 있겠는가! 그러므로 하나님 앞에서 나를 낮추는 길만이, 마귀를 대적하여 승리하는 길이다. 여호수아가 가나안에 들어가는 영적 전쟁을 치르기 전에 군대장관을 만나 땅에 엎드려 신을 벗은 이유가 거기에 있다 수 5:13-15. 하나님의 전능한 주권 앞에 엎드리는 것이다.

이것이 하나님을 가까이하는 길이다. 하나님께서 서 계시므로 내가 엎드리는 것이다. 내가 마귀를 내 힘과 지혜와 실력으로 맞서는 것이 아니라, 하나님께서 대적하여 쫓아내

9. 다만 악에서 구하시옵소서

시도록 내가 그분 앞에 순복하는 것이다. 그분이 지혜로우시므로, 그분께서 내게 필요한 모든 것을 아시므로, 내가 내 뜻대로 욕심내는 것을 버리는 것이다. 그것이 전지(全知)하신 주님을 내가 가까이하는 길이다.

그분이 온 세상을 가지신 분이며 장차 오는 나라를 주시는 분이시므로, 내가 그분 앞에 빈손으로 엎드리는 것이다. 그분이 거룩

> 여기에 승리의 비밀이 있다. 대적한다는 것은 맞서서 굳게 선다는 뜻이다. 마귀를 대적하여 굳게 서는 방법은, 하나님 앞에서 납작 엎드려 자신을 낮추는 것이다.

하시므로, 우리가 우리의 죄악 됨과 더러움을 철저히 인정하는 것이다. 그분이 옳으시므로, 우리가 틀렸음을 인정하는 것이다. 그분이 모든 것이 되시므로, 우리가 아무것도 아님을 인정하는 것이다. 그렇게 그분을 가까이하는 것, 그것이 그분 안에 거하는 길이다. 그 길이 악한 자를 대적하여 승리하는 길이다. 그 길이 그분과 그분의 통치의 임재 안에 거하는 길이며, 그분께서 이 땅에서 우리를 통하여 자신의 뜻을 이루어 가시는 길이다. 마귀는 결국 그분께서 영원한 심판, 불 못에 던져 버리실 것이다. 할렐루야!

> 또 그들을 미혹하는 마귀가 불과 유황 못에 던져지니. _계 20:10

> 더 깊은 묵상과 나눔을 위하여

"다만 악에서 구하시옵소서"

1. 본문을 읽고 깨닫게 된 것이 있다면, 각자 한두 가지 서로 나누어 보자.

2. 우리 주변에서 가장 악한 모습이라고 여겨지는 것에는 어떤 것이 있는가? 왜 그렇다고 생각하는가? 악이란 무엇인지 한번 함께 정의해 보자.

3. 마귀의 특징은 '거짓과 파괴'이다. 성경에서 '마귀'가 하는 일과 그 특징에 대해 아는 대로 찾아 읽어 보고, 서로 나누며 정리해 보자.

4. 기독교의 싸움은 악과의 싸움이다. 그 어떤 사람도 우리의 원수가 될 수 없다. 우리의 원수는 악마 곧 마귀와 악이다. 내가 가장 자주, 그리고 심각하게 맞서 싸우게 되는 '악'은 어떤 것인가? 현재 교회가 싸워야 하는 가장 큰 악이 있다면, 혹은 이 사회가 맞서 싸워야 하는 악이 있다면 어떤 것

들이 있는지 이야기해 보자.

5. 세상에서 악을 이기는 길은 '선한 양심의 길, 십자가의 길'을 가는 것이다. 당연한 선을 행하고, 또한 악을 악으로 갚지 않고 선으로 악을 이기는 길이다. 진리와 함께 은혜의 강력을 드러내는 길이다. '양심'의 영역에서 나는, 우리는 어떻게 회복되며 어떻게 나아가야 할지, 서로 머리를 맞대고 가슴을 합하여 나누어 보라.

6. 마귀를 대적하는 길은 하나님께 순복하는 것이다. 하나님을 가까이하는 것이다. 내가 하나님께 온전히 순복하려 할 때, 가장 되지 않는 부분이 있다면 어떤 영역인가? 깊이 진단해 보고, 진실하게 함께 나누어 보자.

7. 십자가에서 승리하신 그리스도, 마귀와 그의 일을 멸하시고 승리하신 하나님의 최종적인 승리와 영광에 대한 찬양을 함께 부르고, 우리의 연약한 부분을 하나님께 내어 놓고, 온전히 맡기고 항복하며 순복할 수 있도록 함께 힘을 합쳐 간구와 감사의 기도를 드리자.

나라와
권세와
영광이 아버지께
영원히
있사옵나이다,
아멘.

10

> 나라와 권세와 영광이
> 아버지께 영원히
> 있사옵나이다.
> 아멘.

이 모든 간구와, 치열한 이 땅에서의 싸움들이, 주기도문의 마지막에서 하나님의 권능과 영광을 찬송하는 송영 誦詠, doxology 으로 끝나는 것은 참으로 합당하고 적절하지 않은가! 어떤 사본들에는 빠져 있지만, 사실 하늘에 계신 하나님 아버지께 드리는 참된 기도는 그 기도의 끝에서 하나님을 향한 찬송이 터져 나오는 것이 당연하다. 우리의 싸움은 그 끝을 알지 못하는 막연한 싸움이 아니기 때문이다. 주께서 이미 승리하셨다! 그리스도께서 이미 부활하셨다! 그분이 하늘 보좌 우편에 앉아 지금도 통치하신다! 할렐루야!

하나님의 '영광'이란 무엇인가? 하나님의 하나님 되신 모든 능력, 지혜, 아름다우심과 신실하신 덕, 그분의 모든 신적 성품이 나타나 비추는 것이다. 그래서 그분의 영광은 그분의 형상으로 지음받은 사람과 그분의 말씀으로 창조하신 피조세계의 회복에서 찬연히 드러날 것이다 요 11:4, 40.

> 볼지어다. 그가 구름을 타고 오시리라. 각 사람의 눈이 그를 보겠고 그를 찌른 자들도 볼 것이요…주 하나님이 이르시되 나는 알파와 오메가라. 이제도 있고 전에도 있었고 장차 올 자요 전능한 자라 하시더라. _계 1:7-8

그러므로 우리의 기도, 우리의 눈물, 우리의 애통, 그리고 오늘 지금 여기에서 의義에 주리고 목마른 우리의 굶주림은, 그 간절한 간구의 끝에서 지금도 계시며 지금도 우리를 충만히 채우시는 하나님 아버지의 거룩한 임재로 높이 들려져야 한다. 이 땅에서도 하늘 보좌에 앉으신 하나님과 그 어린양을 향해 믿음의 눈을 들 때에, 보지 못하나 말할 수 없는 기쁨이 우리의 심령에 가득 차고 넘친다.

주기도문의 끝에서, 이런 황홀한 기쁨과 이미 여기에 임한 종말의 승리에 대한 환호성이 터져 나온다. 가슴이 다시 힘차게 뛰며 주님을 기뻐하는 기쁨으로 벅차오르게 된다. 우리의 간절한 간구의 끝은 그래서 언제나 하나님을 찬

10. 나라와 권세와 영광이 아버지께 영원히 있사옵나이다, 아멘.

송함으로 마무리된다.

하지만 그것은 우리가 세상에서 여전히 악을 만나고, 전혀 변할 것 같지 않은 불의하고 부패한 현실에 부딪힐 때, 얼마든지 낙심하고 좌절할 수 있음을 뜻하기도 한다. 진정으로 하나님의 이름이 거룩해지기를 구하며, 온 마음으로 그분의 통치의 임재를 사랑하며, 손과 발로 전심으로 그분의 뜻을 구할 때, 우리는 좌절하고 슬퍼하고 애통해할 수밖에 없다. 거짓과 부패는, 알곡을 심어 놓은 것으로 믿었던 밭에서도 비 온 뒤 잡초처럼 쑥쑥 올라오기 때문이다. 어제 베어 버렸던 잡초가 잠깐 사이에 다시 올라와 온 밭을 망쳐 놓는 것처럼, 이 땅의 악은 마치 온 세상과 교회마저 점령할 것처럼 기세등등하게 보이기 때문이다. 하나님의 통치가 교회 안에 임해 있지만, 교회는 세속의 물결에 속수무책인 것처럼 보인다. 오늘날 세속의 거센 공격에 쓰러진 장수들이 몇 명이며, 원수에게 잡혀 종노릇하는 하나님의 백성들이 얼마인가?

> 주기도문의 끝에서, 이런 황홀한 기쁨과 이미 여기에 임한 종말의 승리에 대한 환호성이 터져 나온다. 가슴이 다시 힘차게 뛰며 주님을 기뻐하는 기쁨으로 벅차오르게 된다. 우리의 간절한 간구의 끝은 그래서 언제나 하나님을 찬송함으로 마무리된다.

또한 예수님은 하나님 나라의 '권세'란 오직 '섬김'을 위해 존재함을 가르치시고 친히 온몸으로 보여 주셨다. 권력이란 원래 섬김을 위해 창조된 것이다 마 20:28. 하지만 이미 교회 안에서도 권세로 양 무리를 먹이는 것이 아니라 양 무리를 먹어 버리는 악한 목자들이 주는 피해가 크다. 실로 설교도, 선행도, 전도도, 개혁도 아무것도 먹혀들어갈 것 같지 않은 암담한 현실 때문에, 우리는 주기도문으로 기도하면서도, 거의 아무것도 의미하는 바 없이 기계적이고 형식적으로 하게 되는 것이다.

거룩하다, 거룩하다, 만군의 여호와여

:

주기도문의 마지막 송영은 그래서 필요하고 또 의미심장하다. 이사야의 시대에도 하나님의 백성의 부패, 그들의 심령과 삶의 썩는 냄새가 여호와 하나님 앞에 진동했다. 그들의 예배는 숫양의 번제와 살진 짐승들의 기름과 수송아지의 피로 가득했지만, 그들은 그저 마당만 밟을 뿐이었다. 그들의 형식적인 예배는 결국 하나님이 가증하게 여기시는 바

10. 나라와 권세와 영광이 아버지께 영원히 있사옵나이다, 아멘.

가 되었다. 주께서 그것을 견디지 못하실 정도였다. 하나님께 성대하게 예배를 드리면서 동시에 그분이 지켜보는 앞에서 악한 짓들을 계속하며, 불의에 포악을 더하며, 학대받는 자들을 모른 척하며, 보호받을 길이 없는 자들이 억압당하는 것을 방치했기 때문이다. 마땅한 공의를 행치 않을 뿐 아니라, 자기 손에 의인의 피를 적셨기 때문이다. 공평을 찾아볼 수 없게 되었고, 의와 진실은 짓밟혔으며, 부정직과 속임수로 가득한 삶은 일상이 되었다. 관리들은 뇌물을 받고 공의를 팔아먹으며, 부요함이 가득한 땅이었지만 하나님을 의뢰하지 않고 우상으로 가득하여, 파멸을 앞둔 교만으로 눈이 멀어 가고 있었다 _사 1장_. 이사야 선지자는 하나님의 가슴 찢어지는 탄식을 옮겨 놓는다.

> 내가 내 포도원을 위하여 행한 것 외에 무엇을 더할 것이 있으랴. 내가 좋은 포도 맺기를 기다렸거늘 들포도를 맺음은 어찌 됨인고. _사 5:4_

하나님은 공평과 정의를 바라셨지만, 그들은 포학과 불의를 일삼았다. 그들의 땅은 여호와의 이름을 거룩히 여기는 백성들의 칭송이 아니라, 억울한 자들의 부르짖음으

... 201

로 가득했다. 결국은 '악을 선하다 하며 선을 악하다 하며, 흑암을 광명으로 삼으며 광명으로 흑암을 삼으며, 쓴 것으로 단 것을 삼으며 단 것으로 쓴 것을 삼는' 혼돈의 지경에까지 빠진 것이다 사 5:20. 사회의 부패 정도가 이 정도면 극에 달한 셈이다. 사회가 건강하다면, 악은 그것이 드러날 때 부끄러워한다. 하지만 부패해 가면, 악은 자신을 정당화하기 시작하고, 거기서 더 썩어 문드러지면, 그 악은 그 수치감을 버리고 선을 비방한다. 악이 선의 자리를 차지하고, 선은 악이 되어 버린다. 거짓이 진실을 핍박하며, 더 나아가 죽여 없애려 하는 자리까지 간다. 모든 질서가 완전히 자리가 뒤바뀐 혼돈의 상태, 하나님 나라의 질서가 파괴된 현장이다.

이사야는 이런 현실을 바라보며 마음 깊이 좌절했을 것이다. 한때 하나님의 법을 좇아 나라를 재건했던 동역자요 왕이었던 웃시야마저 죽자 그는 모든 희망을 잃어 갔다. 오늘날도 마찬가지이다. 세속화된 복음으로 스스로를 더럽히고 추락하는 교회에는 날개가 없는 듯이 보인다. 교회가 더럽힌 하나님의 이름도 회복될 기미가 보이지 않는다. 낙심과 좌절, 절망과 패배의식이 교회의 위기를 알리는 통계 수치들보다 더 암울하다. 주여, 우리를 도우소서. 주여, 우리를 불쌍히 여기사, 긍휼을 베푸소서. 이사야도 낙심하였다. 낙심 가운데 그는 성전에서 하나님 앞에 엎드려 기도하며 예배하고 있었다. 그때 그를 일으킨 것은 주 하나님 자신이셨다. 주님께서 낙심한 그의 눈앞에 보여 주신 실재, 진짜 현실reality이었다.

> 웃시야 왕이 죽던 해에 내가 본즉 주께서 높이 들린 보좌에 앉으셨는데 그의 옷자락은 성전에 가득하였고 스랍들이 모시고 섰는데 각기 여섯 날개가 있어 그 둘로는 자기의 얼굴을 가리었고 그 둘로는 자기의 발을 가리었고 그 둘로는 날며 서로 불러 이르되 거룩하다 거룩하다 거룩하다 만군의 여호와여 그의 영광이 온 땅에 충만하도다. _사 6:1-3

주기도문을 묵상하며, 그 한 구절 한 구절을 우리의 삶으로 옮기는 일은 결단코 쉽지 않다. 좌절을 안과 밖에서 만날 것이다. 달라지는 것은 없어 보일 것이다. 악을 행하는 자는 그대로 악을 행하며, 어둠 속을 내달리는 자들은 여전히 멈출 줄을 모를 것이다. 우리의 작은 선행이, 작은 긍휼과 은혜와 신실함이, 이 부패한 교회와 세상에 과연 얼마나 영향을 주겠는가? 악은 거대하며 무서운 파도처럼 또 몰려오고 다시 몰려오지 않는가?

> 그분은 왕이시며 심판하실 자이며, 지금도 통치하신다. 성전에서뿐 아니다. 그곳을 중심으로 그분의 영광이 여전히 '온 땅에 충만'하다! 믿는 자들은 눈을 떠서 그분의 거룩하심을 보아야 한다. 온 교회는 눈을 들어, 여전히 온 땅에 충만한 여호와의 영광을 볼지라!

그런데도 이사야는 그 한복판에서 실상을 보았다. 하나님께서 이 모든 일의 실상을 보여 주셨다. 아, 주께서 여전히 통치하고 계시지 않는가! 그분이 통치하신다! 할렐루야! 그분이 계신 성전에서는 천사들이 창화하며 "거룩하다, 거룩하다, 거룩하다, 만군의 여호와여" 하며 찬송을 드린다. 그분을 당할 자가 없다. 그분은 왕이시며 심판하실 자이며, 지금도 통치하신다. 성전에서뿐 아니다. 그곳을 중심으로 그분의 영광이 여전히 '온 땅에 충만'하다! 믿는 자들은 눈을 떠서 그분의 거룩하심을 보아야 한다. 온 교회는 눈을 들어, 여전히 온 땅에 충만한 여호와의 영광을 볼지라!

이사야의 심령은 한껏 고무되었다. 그는 회개했다. 낙심의 죄이다. '내가 부정한 낙심의 말들을 했구나,' 한탄하며 회개했다. '화로다, 나여 망하게 되었도다. 내가 잘못 알았고 틀린 말을 했구나,' 뉘우치며 돌이켰다. 주께서는 그의 입술에서 한탄과 탄식과 원망과 비통의 말을 제하셨다. 용서하셨다. 그리고 그에게 그가 본 하나님의 거룩하신 통치의 위엄과 영광의 복음, 진리의 말씀을 넣어 주셨다. 이사야는 이제 절망 가운데 '살아 있는 소망'을 전할 준비가 되었다. 패역한 백성들의 한복판에서, 이제 온 땅에 충만하신 거룩하신 하나님의 영광의 현존 속에서 다시 힘 있게 살아갈 준비가 되었다. 그리고 이 파송의 초청을 들었다.

> 내가 또 주의 목소리를 들으니 주께서 이르시되 내가 누구를 보내며 누가 우리를 위하여 갈꼬 하시니 그 때에 내가 이르되 내가 여기 있나이다 나를 보내소서. _사 6:8

"내가 여기 있나이다. 나를 보내소서." 나라와 권세와 영광이 아버지께 영원히 있다는 송영을 따라 우리가 진실로 '아멘, 진실로 그러합니다'라고 고백한다면, 우리도 오늘 이 패역한 땅 한복판에 서서, 하늘에 계신 우리 아버지의 거룩한 이름과 나라와 뜻을 위하여 이 땅에 오신 주 예수 그리스도 안에서, 그분과 함께 결단해야 할 것이다.

아버지, 내가 여기 있나이다.
나를 보내소서.

더 깊은 묵상과 나눔을 위하여

"나라와 권세와 영광이 아버지께 영원히 있사옵나이다, 아멘."

1. 교회에 대한 실망, 사회에 대한 실망, 사람에 대한 실망 그리고 자신에 대해 크게 실망한 경우가 있다면 무엇이었는지, 한두 가지 서로 나누어 보자.

2. 본문에 나오는 이사야 선지자의 경험과 환상에 대해 읽으면서, 마음에 깨닫게 된 것이 있다면 함께 나누고 격려하자.

3. 악에 대한 우리의 싸움은 '이미' 그리스도 예수의 십자가와 부활 승천을 통해 '결정적인' 승리로 끝났다. 하지만 우리는 '아직' 그리스도께서 '최후의 승리'를 완성하실 날을 기다린다. 종말의 소망과 장차 이루어질 하나님 나라의 승리와 영광에 대한 찬송을 부르자. 기뻐하고 감사하자. 모든 영광을 하나님께 돌리자. 아직도 악의 고통에 시달리는, 나 자신을 포함한 모든 이를 위해, 생각나는 대로 간구와 중보의 기도를 올리자. 승리의 기쁨으로 가득한 찬송을 부르며,

감사의 기도를 드리자.

4. 마지막으로, "누가 나를 위하여 갈꼬"라는 주님의 부르심 앞에 서자. 나를 어디로 부르셨는가? "내가 여기 있나이다. 나를 보내소서"라고 결단하자. 악이 있는 곳이 나의 선교지이다. 하나님의 통치가 임하지 않은 자리가 우리의 선교지이다. 그곳이 나의 심령이든, 하나님을 모르는 자의 마음이든, 가정이든, 교회이든, 사회이든, 세상 어느 곳이든, 하나님의 뜻이 이루어져야 할 곳이 바로 우리가 가야 할 선교지이다. 오늘, 여기에, 우리를 있게 하시는 하나님께 감사하자. 지금, 여기에서부터 하나님의 이름이 거룩히 여김을 받으시도록 우리 자신을 드리자.

하늘 보좌를 버리고 하나님 아버지의 이름과 나라와 뜻을 위하여 이 땅에 찾아오신 주님을 따라, 우리도 가자. 그분을 따라, 그분의 길, 십자가와 부활과 영광의 길을 가자. 이미 '죄인들, 악인들을 위한 고난'을 다 마치시고 하늘에 오르신 우리의 제사장을 따라, 우리도 세상 속에서 제사장의 길을 가자. 함께 기도하자.

삶으로 드리는 주기도문

"하늘에 계신 우리 아버지여,
이름이 거룩히 여김을 받으시오며,
나라가 임하시오며,
뜻이 하늘에서 이루어진 것 같이
땅에서도 이루어지이다.
오늘 우리에게 일용할 양식을 주시옵고,
우리가 우리에게 죄 지은 자를 사하여 준 것 같이
우리 죄를 사하여 주시옵고,
우리를 시험에 들게 하지 마시옵고
다만 악에서 구하시옵소서.
나라와 권세와 영광이 아버지께
영원히 있사옵나이다, 아멘."

주여,
우리가 여기 있사오니
우리를 보내소서!